歴史文化ライブラリー

392

親鸞と歎異抄

今井雅晴

吉川弘文館

目 次

8

あとがき

長文の最終章／門弟からの寄付／吉水草庵での信心論争／信用できる聖教と信用できない聖教／親鸞一人がため／善悪／親鸞の言葉と偽る／まとめの言葉／外見あるべからず

現代に生きる親鸞　プロローグ

歎異抄は、浄土真宗の開祖である親鸞が述べたことばを、門弟の唯円(ゆいえん)がまとめた書物とされている。阿弥陀信仰を説き、念仏を勧める書物である。親鸞も唯円も、約八百年もの昔の鎌倉時代の人である。そしてその歎異抄をひもとくと、次のような文章が目に入ってくる。

善人なをもて往生をとぐ、いはんや悪人をや。（第三章）

「善人だって極楽往生できるのに、まして悪人が往生できないことがありましょうか」

――えっ、善人ではなく悪人の方が極楽往生できるのか。間違いなのではないか。

短文で明快なこの文はとても衝撃的である。もちろん間違いではなくて、親鸞はどうあがいても悪人でしかいられないような人こそ、阿弥陀仏が真っ先に救いたいとしているのだ、と説いているのである。ほかに次のような文もある。

親鸞は父母の孝養のためとて、一返にても念仏まふしたることいまださふらはず。（第五章）

「私親鸞は、両親が極楽往生できるようにという理由で、一回でも念仏を称えたことは、いままでにありません」

——え？　じゃ、親鸞はお父さんやお母さんの極楽往生を願っていなかったのか？

いやそうではなく、親鸞も両親の極楽往生を願っていた。しかし、すべての生きとし生けるものは前世（ぜんせ）の、そのまた前世の、さらに永劫の過去からの数えきれない世の自分の父であり母であるかもしれない。そのすべての世の自分を育ててくれた父と母に極楽往生してほしいので、「今の世の父母」だけのためには念仏を称えたことはない、と親鸞は右の文に説明を加えている。まさに逆説的な言い方で現代人の心を打つ。

他方では、ひたすら師匠を慕うという、次のような文もある。

たとひ、法然聖人にすかされまひらせて、念仏して地獄におちたりとも、さらに後悔すべからずさふらう。（第二章）

「もし、師匠法然聖人に念仏を称えれば極楽へ往生できるからと騙（だま）されて、念仏を称えてその結果地獄に堕ちてしまっても、私はまったく後悔いたしません」。地獄は恐ろしい所のはずである。それなのに「法然の言うとおりにした結果、地獄に堕ちてしまってもかまわない」と親鸞は宣言している。心の底から師匠を信頼しているのである。このような真っ直ぐな心の表明がされているのも、歎異抄の特色の一つである。

悪人といい、両親への思いといい、さらにはまた師匠への信頼といい、歎異抄は現代的課題に応えられる内容の書物である。そのためであろう、歎異抄に関する書物は毎年のように出版されていると言っても過言ではない。

歎異抄は序文と本文全十八章で構成されている。本書では、まず親鸞の一生を見ていく。次に歎異抄がどのような意図で書かれているのかを確認した上で、第一章から、どのように親鸞の思想が語られているかを見ていく。それをひとまず第十章までとする。なぜなら、第十一章の直前にはあらためて序文らしき文があり、続く第十一章からは唯円が特に個人的な思いを示しているように判断されるからである。そこで第十一章以降を検討する前に、唯円の人物像や活躍した時代的背景を見ていく。それに続けて第十一章から第十八章までを見ていきたい。具体的には本書を次のような五部構成にする。

Ⅰ　親鸞の一生
Ⅱ　歎異抄の書誌
Ⅲ　親鸞のこころ
Ⅳ　唯円の周辺
Ⅴ　唯円の思い

それぞれまず歎異抄の原文を掲げ、次にその現代語訳を記す。現代語訳は可能な限り仏教用語は使わずに、日常的な言葉を使うことを目ざす。続いてその内容に関して考察を加える。本書で引用する史料は、親鸞と恵信尼および覚如の執筆については『浄土真宗聖典—原典版—』（本願寺出版部、一九六〇年）に拠った。ただし片仮名は平仮名にあらため、また句読点をつけた。さらに漢字には、適宜、振り仮名をつけた。それは歴史的仮名遣いではなく、現代仮名遣いとした。

本書は歴史と現代との関係性を重視しつつ、現代人の生きる指針をみつめていくことを目的として執筆するものである。

親鸞の一生

親鸞の生まれた時代

平安時代末期から鎌倉時代初期

親鸞は平安時代末期の承安三年（一一七三）に誕生した。その六年前には内大臣平清盛が太政大臣に昇進し、平氏の全盛時代を迎えつつあった。親鸞誕生の前年には清盛の娘徳子が高倉天皇の中宮となっている。高倉天皇は実力者後白河法皇の息子である。

他方、反平氏の勢力も結集しつつあった。彼らは治承元年（一一七七）に京都鹿ケ谷に集まって平氏打倒の相談をしたのが発覚し、処分された。その中には親鸞の伯父日野範綱も含まれていた（拙著『親鸞をめぐる人びと』自照社出版、二〇一二年）。治承四年（一一八〇）には後白河法皇のもう一人の息子以仁王が平家打倒を企てたが失敗して戦死した。親鸞の父日野有範もこの企てに参加したとの見方がある。また親鸞のもう一人の伯父日野宗業(むねなり)は、以仁王の首実検に呼ばれている。彼は以仁王の学問の師であって、よく顔を知っていたからである。この年には続いて伊豆国で源頼朝が挙兵した。

鎌倉幕府の成立

文治元年（一一八五）、平家は壇ノ浦で全滅した。頼朝は鎌倉に幕府を開き、武家政治を始めた。ただしかつて言われたように、幕府は朝廷と対立し、争いながら政治を進めたのではなかった。朝廷と協力しながら政治を進め、実力を増していったのであった。

朝廷では後白河法皇が実権を握り、貴族政治の維持に努めていた。また九条兼実が幕府の後押しのもとに摂政から関白に昇った。娘の任子(とうこ)も後鳥羽天皇の中宮となった。建久三年（一一九二）に法皇が没すると、頼朝は念願の征夷大将軍に任命されている。ところが建久七年（一一九六）、兼実は失脚して政治力を失った。その中で、三年後の正治元年（一一九九）、兼実は専修念仏の法然に依頼して『選択本願念仏集(せんじゃくほんがんねんぶつしゅう)』を執筆してもらった。この年、源頼朝が亡くなった。

後鳥羽上皇

やがて朝廷では後鳥羽上皇が政治を主導するようになった。幕府では頼朝のあとを継いで第二代将軍となった頼家が建仁三年（一二〇三）に失脚、弟の実朝が第三代将軍となった。実朝は武力よりも文化的な力で幕府を発展させていこうと考えていたようで、伝統的文化を体現している後鳥羽上皇に協力的であった。ちなみに実朝の妻は上皇の妃の一人坊門局（ぼうもんのつぼね）の妹であった。しかし承久元年（一二一九）、実朝が鶴岡八幡宮の境内で暗殺されると、後鳥羽上皇は武力で幕府を支配下に置こうと決意、九条家など多くの貴族の反対を押し切って執権北条義時を追討するとの命令（院宣）を発した。しかし団結して京都に軍を送り込んだ幕府のためにあえなく敗れ、隠岐の島に流されて膨大な荘園も幕府方に没収された。以後、政治は幕府主導のもとに展開していく（拙著『中世を生きた日本人』学生社、一九九二年）。また法律も朝廷の律令とは異なる御成敗式目（ごせいばいしきもく）などの幕府法が優位となっていった。

この間の承元元年（一二〇七）、朝廷は法然とその門下の四人を死罪に、八人を流罪にするという処分を下した。法然が四国へ、親鸞が越後へ流されたのはこの時であった。親鸞は建保二年（一二一四）に関東へ移った。北条義時が亡くなった元仁元年（一二二四）には『教行信証（きょうぎょうしんしょう）』を著わし、貞永元年（一二三二）ころに京都に戻った。親鸞を流罪にした後鳥羽上皇が隠岐の島で亡くなったのは延応元年（一二三九）のことであった。

一方、社会では経済が発展した。それまで物々交換が中心であった経済活動に貨幣が大きな役割を果たすようになった。年貢も貨幣で払うことも行なわれ始めた（銭納）。また実際に貨幣を送らなくてもよい為替（かわせ）の制度も始った。これらは十三世紀半ばからで、ちょうど鎌倉時代中期であった。親鸞が京都で亡くなったのは弘長二年（一二六二）のことであったから、まさにそのころ、日本経済は大きく転換しつつあったのである。

経済の発展

宗教改革の時代

ところで平安時代後半から鎌倉時代は仏教の宗教改革の時代であった。武士や庶民の社会的発展、貴族の中でも藤原摂関家が権力を独占する傾向が強まり、それから漏れた多くの貴族が生きる方向を見失うことも少なくなかった。従来の仏教はなかなかその新しい状況に対応できなかった。易（やさ）しく、費用がかからず、教養がなくても修行できる仏教が求められた。特に念仏を称えるだけで極楽往生できるとする阿弥陀聖（あみだのひじり）が京都を中心として各地に広がり始めた。その阿弥陀聖の行動を理論づけたのが法然の専修念仏説であった。それは親鸞誕生二年後の安元元年（一一七五）から始まった。

またどの宗教でも、宗教改革の時代には最初の精神に帰ろうという動きがあるものである。この時代の仏教界でもそうであった。動きは二つあり、一つは釈迦に帰ろうというものであった。インドの故地へ行くことを切望する、しかし無理なのでインドに近い（と思われる）中国の仏教遺跡を巡礼したいという風潮とともに、釈迦の遺骨（仏舎利）を崇拝する傾向が盛んになった。いわゆる舎利信仰である（末木文美士『日本仏教入門』角川選書、二〇一四年）。

もう一つは外国に行くのは無理、せめて日本仏教の開祖に帰りたい、それは聖徳太子だったではないか、太子の遺徳をしのぼう、という傾向である。太子は、「世間虚仮、唯仏是真（世の中のことはすべて虚しく、仮りのものである。ただ仏の教えだけが真実である）」という言葉を残したことによって、日本で最初に仏教を理解した人として尊敬されていた。その尊敬心が信仰に変わったのは平安後期の天台宗の世界においてであった。したがって、天台宗出身の僧たちは押しなべて聖徳太子信仰を持っていた。親鸞もその一人であった。

祖師信仰

さらにこの宗教改革の時代の特色には、強い祖師信仰が生まれたということがある。私たちにふさわしい、正しい教えを伝えて下さったのは誰々だ。その人がいなければ私たちは依然として暗い闇の中で迷っていたであろう。その人のおかげで光が見えた、ありがたい、というのが祖師信仰である。浄土真宗ではそれが親鸞であった。

京都の親鸞

親鸞の出身と修行

親鸞は日野有範（ひのありのり）の息子として生まれた（拙著『親鸞と東国』吉川弘文館、二〇一三年）。日野家は藤原氏の一族で、儒学の研究をことととする学問の家柄であった。しかし傍流の有範は中級と下級の境目あたりの身分で、職は皇太后宮権大進（こうたいごうぐうのごんのだいしん）であった。これは従六位上相当の職である。正六位上から下級貴族であるから、下級貴族としても上から三番目であり、有範の低い立場が分かる。親鸞の母については未詳である。

一時、親鸞は貴族出身ではないだろうという説が広まったことがある。しかし『親鸞伝絵』に見るほどの高い身分では

日野経尹―┬―範綱
　　　　　├―宗業
　　　　　└―有範―親鸞

ないが、やはり貴族出身が妥当である。最近では、親鸞が執筆した『教行信証』には藤原氏・日野氏流の訓点が打たれていることが示されている（宇都宮啓吾「訓点から見た坂東本『教行信証の一側面』」『親鸞の水脈』第一三号、二〇一三年）。それなら親鸞は日野氏の出身として、まず間違いないであろう。「訓点」とは、漢文の読み方を説明する、主に漢字の左脇に付ける記号である。略して「点」ともいう。

やがて有範は何か政治的な企てに参加して失敗したようで、本人はもちろん、息子五人

日野有範画像　模本，個人蔵，南北朝～室町時代.
有範は親鸞が９歳のころに出家し，親鸞が30代前半までは健在であった.

も出家しなければならなくなった。有範は、平清盛を打倒しようとして戦死した以仁王に協力したのではないか、とも言われている。五人の息子ともども出家することによって命を助けてもらったのではないか、というのである。

親鸞が出家したのは、九歳の時であった。伯父の一人の日野範綱が寺に連れて行ってくれたという。『親鸞伝絵』によれば、九条兼実の弟慈円（じえん）が戒師となってくれたそうである。戒師とは出家させる役である。ただし破滅した家の子を身分の高い貴族出身の僧が面倒をみてくれたかどうか、この説には疑問が残る。

その後、親鸞は二十九歳までの二十年間、比叡山延暦寺（ひえいざんえんりゃくじ）で天台宗の修行をした。当時の貴族の慣行によって、親鸞は六歳から家の学問である儒学を学んだと推定される。その上に二十年間の延暦寺での学びがあった。その学びには、法華経（ほけきょう）等の経典、密教の修法、医学・薬草・薬石、儒学等の中国古典類も入っていたはずである。しかし出身が貴族とはいえ、身分が低いので延暦寺では高い僧職を得られなかった。ほぼ最下位の職と推定されている堂僧に留まっていた。堂僧というのは、阿弥陀堂（あみだどう）や法華堂（ほっけどう）などに詰める僧のことである。

親鸞は二十年間の修行を積んでも、さとりまたは極楽往生の確信などを得られず、悩みは大きかった。その果てに、比叡山を下りる決心をした。建仁元年（一二〇一）、二十九歳の時であった。

六角堂への参籠

比叡山を下りた親鸞は、六角堂という救世観音（ぐぜかんのん）を本尊とするお堂に百日間の予定で参籠した。この観音は悩む修行者を導いてくださるとして有名であった。親鸞は次の世で極楽へ往生できるかどうか、不安だったのである。すると参籠の九十五日目の暁、観音菩薩は次のようなお告げを下さった。

行者、宿報にて女犯すれば

我、玉女の身と成りて犯せられん

一生の間、能く荘厳し

臨終には、引導して極楽に生ぜしめん

「もし、そなた親鸞が前世からの因縁で結婚することになったならば、私がすばらしい女性となってそなたの妻となってあげよう。そして一生の間よい生活をさせてあげよう。また、やがて来る臨終にあたっては手を取って極楽へ導いてあげよう」。

むろん僧には不婬戒があり、結婚は禁止であった。しかし観音は「結婚してもいい」と告げているのではなく、「結婚することこそ、極楽への確実な道である」と告げているのである。親鸞は六角堂で「結婚していいですか」と願ったのではなかった。それなのにこのようなお告げが下されたのは、親鸞が潜在的に結婚を切望していたからとみなされている。

法然へ入門

六角堂を後にした親鸞は、京都東山の吉水草庵（よしみずのそうあん）で専修念仏を説く法然に入門した。専修念仏は、念仏を称えれば阿弥陀仏のとても大きな慈悲の力によって極楽へ導いてもらえる、他の修行はいらない、ただ念仏のみでよいのだ、という教えである。天台宗の、さまざまな修行を重ねて悟りに至るという教えとは百八十度異なる内容である。

法然はこの専修念仏の教えを、吉水草庵で二十年以上にもわたって説いていた。親鸞は入門するまでに百日間も吉水草庵に通い、法然の人格と教えを確認し、法然こそ自分の生涯をかけて導いてもらう師匠であると確信したのである。

法然にはすでに多数の門弟がいた。親鸞にとっては先輩たちである。その中で親鸞は若輩、そして入門浅い年数ながら、法然のあつい信頼を得るに至った。わずか四年後の三十三歳の時、法然からその主著である『選択本願念仏集（せんじゃくほんがんねんぶつしゅう）』の書写を許された。この書物は専修念仏の正統性を説いている。しかし内容上、既成仏教勢力の反発を買うからと、法然は信頼できる数人の門弟にしか読ませなかった。その本を親鸞は書写まで許されたのである。

念仏と信心

また『親鸞伝絵』は、このころの親鸞の重要なエピソードを二つ伝えている。それは、他の門弟たちとの論争である。第一は「阿弥陀仏に対する信心は、法然と親鸞とでは同じか異なるか」という論争である。親鸞は、信心は誰の信心であっても同じと主張した。しかし他の門弟たちは、「あの立派な人物である法然の信心と、親鸞や自分たちの信心とが同じはずはない」と反論した。しかし尋ねられた法然は「私の信心も親鸞の信心も、阿弥陀仏からいただいたのであるから同じものです」と答えたという。親鸞の方が正しかったというのである。『親鸞伝絵』に法然の発言として次のようにある。文中、「善信房」というのは親鸞のことである。「更に」とはまったくという意味である。

他力の信心は、善悪の凡夫ともに仏のかたよりたまはる信心なれば、源空が信心も善信房の信心も更にかはるべからず、たゞひとつなり。

論争の第二は、「極楽往生するためには数多くの念仏が必要か、それとも信心に基づく念仏が必要か」という論争である。親鸞は後者を主張したが、それに賛成する仲間は少なかった。多くは前者を主張した。そしてそれは平安時代以来の念仏の普通のあり方であった。法然でさえ、「念仏は一日に五万回、六万回称えなさい」と説いたこともある。しかし、この時の論争で、法然は親鸞の主張を支持した。法然の真意は、「回数の多さ」にこだわるのではなく、信心を込めて念仏を称えることが大切というものであった。

親鸞は吉水草庵の法然のもとで、信心に基づく念仏を学んだのである。加えて、法然がいかに親鸞を高く評価していたかということも、これらのエピソードで判明する。親鸞は、自分の生きる道を示し自分を評価してくれた法然を生涯の師として仰いだのである。

二十年間の比叡山時代は苦しい修行生活であった。それは実らなかった。吉水草庵の三十五歳までの六年間は、一転、とても幸せな時代だった。その幸せは比叡山時代があったからこそ花開いたといえる。比叡山時代は無駄ではなく必要であったということであろう。

恵信尼との結婚

親鸞は、吉水草庵で念仏を学んでいる間に、三善為教の娘である恵信尼と結婚した。親鸞の九歳年下である。俗名が未詳なので、法名の恵信、または恵信尼と呼びならわしている。親鸞とともに六十年にわたって生きた女性である（拙著『恵信尼―親鸞とともに歩んだ六十年―』法蔵館、二〇一三年）。

三善為教は九条兼実に仕えている貴族であった。三善家は算術を特技とする学問の家で、同時に行政能力も磨き、諸国の国司に任命されることの多い中級貴族であった。親鸞の日野家と釣り合った家柄である。為教自身、恵信尼が誕生する少し前まで越後介(えちごのすけ)であった。後年の恵信尼自筆の書状により、親鸞と恵信尼とは吉水草庵で出会ったことが判明する(拙著『現代語訳　恵信尼からの手紙』法藏館、二〇一二年)。

一時、三善為教は越後の豪族、恵信尼はその娘で流されてきた親鸞と知り合ったという説が広まったことがあった。しかし以前からあった、為教は京都の貴族という説(赤松俊秀『親鸞』吉川弘文館、一九六一年)の方に妥当性がある。恵信尼は京都で親鸞と知り合っているし、諸国の国司の第一等官である守(かみ)と第二等官の介は、京都の貴族の職であったからである。平安時代末期まで、この慣行は厳密に守られていた。平安時代末期に平氏政権の政治的配慮で

恵信尼画像　新潟県上越市光源寺蔵，江戸時代．
若い貴族の女性姿の恵信尼画像．優しい表情で経典をひもとく姿．親鸞のよき協力者であった．

任命された、藤原秀衡（陸奥守）と城助職（越後守）が唯一の例外である。しかも秀衡と助職はそれぞれ地元で強大な勢力を有していて、それを背景にして任命された。為教は大勢力どころか、伝承の一つも越後国には残っていない。為教越後豪族説は、もう成り立たせるのは難しいであろう。

三善家の伝統

また三善為教は主家の九条兼実同様、熱心に法然を信奉していた。加えて養父為康以来、信心に重点を置く念仏の信仰に篤かったようである。為康は八十四歳の臨終近くに当たり、貴族の慣行に基づいて息子行康から極楽往生のための出家を勧められた。しかしそれを断然断り、「往生極楽は信心に在るべし。（中略）念仏の功積もりて畢命を期と為さば、十即十生、百即百生なり（極楽往生のためには信心に基づく念仏が大切だ。その念仏を称えて一生をすごせば、十人が十人往生できるし、百人であっても百人全員が往生できる）」と言ったと『本朝新修往生伝』に記されている。

つまり恵信尼は親鸞に出会う前から法然の教えを受け、さらにそれ以前から信心の何たるかについて理解していたのである。二人が結婚したのは、出会ってすぐということはなかったであろうから、親鸞の三十一歳前後ではないだろうか。以後、夫婦で協力しての信仰生活であった。

流罪と越後の親鸞

専修念仏者への風当たり

法然の専修念仏集団の動きが活発になるにつれ、各地で風当たりが強くなっていった。それは念仏そのものよりも、既成教団の悪口を言ったり、乱れた生活で社会秩序を混乱させることについての批判がもとになっていた。まず元久元年（一二〇四）、延暦寺の僧侶たちが「専修念仏の停止」を天台宗と延暦寺両方の頂点にいる天台座主（ざす）に訴えた。法然はまだ天台宗の正式の僧侶であったからである。法然は七箇条制誡（せいかい）を書き、門弟二百人近くの署名とともに座主真性に提出し、この場は収まった。

ところが翌年の元久二年、今度は興福寺の僧侶たちが専修念仏者の不法九ヵ条をあげて、その禁圧を朝廷に訴え出た。

しかし朝廷の貴族たちは専修念仏者の禁圧にためらっていた。なぜなら、貴族たちは後世には阿弥陀仏の極楽浄土へ往生したいのである。専修念仏者を弾圧すれば念仏を否定することにもなるし、それでは自分の後世が恐ろしい。地獄に堕ちるかもしれない。一方で興福寺は藤原氏の氏寺であり、その意向は無視できない。膠着状態の中で、さらに翌年の承元元年（一二〇七）一月、後鳥羽上皇は専修念仏停止を命令し、翌月には法然と門弟合わせて八人を流罪、門弟四人を死罪とした。これは上皇が熊野参詣の間に、夜の念仏の会に参加した女官二人が上皇に無断で出家したことが原因である。女官たちは上皇の愛人であり、勝手に出家してしまったことに上皇が激怒したという私的な怨恨からである。

従来、興福寺をはじめとする既成教団がこぞって専修念仏停止を訴えたとされてきたが、そのような事実はなく、騒いだのは興福寺だけというのが真相のようである（上横手雅敬「「建永の法難」について」同編『鎌倉時代の権力と制度』思文閣出版、二〇〇八年）。既成教団と一体の国家の弾圧などというものではない。『教行信証』化身土巻に次のようにあるのは、従来は拡大解釈しすぎだったようである。

主上臣下、法に背き義に違し、忿（いかり）をなし怨（うらみ）を結ぶ。これに因（よ）りて、真宗興隆の大祖源空法師ならびに門徒数輩、罪科を考へず、みだりがわしく死罪に坐す。あるいは僧儀を改めて姓名を賜ふて遠流に処す。予はその一なり。

「後鳥羽上皇と配下の貴族たちは、法律に違反し、行なうべき政道からはずれ、私的な怒りと恨みで判断を下した。このようなことで、真の仏教を盛んにさせた元祖の法然聖人とその門弟数人について、まず有罪か無罪かという判断をするべきなのにそれをせず、不法にも何人かを死刑にしてそれを実行してしまった。加えて何人かの僧の身分を取り上げて俗人にしてしまい、姓名を与えて遠い国へ流してしまった。私はその一人である」。

本来、朝廷では法律の担当者に「被告はどのような刑罰が適当か、あるいは無罪か」を上申させなければいけなかった。親鸞は、後鳥羽上皇はその手続きをせずに法然以下を処罰してしまった、と非難しているのである。手続き論である。それに親鸞は国家に対する反逆などを企てているのではない。

さてこの一月の臨時の除目（朝廷の官職の任命式）で、親鸞の伯父の一人日野宗業が越後権介に任命された。宗業は九条兼実に仕えていて、後鳥羽上皇のお気に入りでもあった。

朝廷の官職はすべて、希望する者の中から人事権を持つ者が選ぶのである。つまり、流罪と決まった甥親鸞の生活を守るために、宗業は九条家が強い発言権を持つ越後の国司にしてもらい、親鸞の流刑地も越後にしてもらったという図式が浮かぶのである。恵信尼の実家三善家も、越後に領地を持っていた。

越後に下る

親鸞は恵信尼とともに越後に下った（平松令三『親鸞』吉川弘文館、一九九八年）。この夫婦の越後での生活は経済・身分ともに保障されていた。決して田畑で泥にまみれて生活の糧を得なければならないというものではなかった。ただ吉水草庵の法然のもとを離れて、たった一人で念仏の信心の学びを深めねばならないのは苦しかったに違いない。なんといってもまだ学びは途中だったからである。

親鸞は五年後に流罪を許されたが、そのまま越後に滞在した。この間、恵信尼との間に小黒女房と信蓮房という二人の子どもが産まれた。彼は苦しい学びの状態を乗り越え、さらには自らが得た念仏の境地を他の人々に伝えようと決心するまでに至った。このことについて『親鸞伝絵』に次のように記されていることが興味深い。

大師聖人源空もし流刑に処せられたまはずは、われ又配所に赴かんや。もしわれ配所におもむかずば、何によりてか辺鄙（へんぴ）の群類を化せむ。これ猶師教の恩致なり。

「法然聖人が流罪にされなければ、私も流刑地に行くことがあったでしょうか。もし私が流刑地に行かなければ、どのようにして地方の人たちに念仏の教えを伝えることができましょうか。これも法然聖人から受けた教えのご恩なのです」。

流罪がなければ越後から関東への布教はなかった、流罪はあってよかったと述べている。それを親鸞自身が強調しているのである。越後流罪について、そろそろ「親鸞は大変だった、気の毒だった」とのみ強調する見方は改められるべきである。

布教への決意

親鸞は、流罪赦免後、家族連れで京都に帰って古いしがらみの中に戻り、また弾圧される危険にさらされるより、関東という新天地に向かうことを選んだ。関東は従来の真宗史の中でいわれていたような、未開の貧しい土地、教養もない人たちが住んでいたところではない。経済力豊かな土地であった。また新興の武士の都鎌倉もあった。鎌倉時代を通じて、京都やその付近で布教などに意を得なかった僧が東国に足を運ぶ風潮もあった。親鸞はその一人であったと考えられるのである。

建保二年（一二一四）、四十二歳の親鸞は一家をあげて関東に移った。

東国の親鸞

東国では

宇都宮頼綱の保護

宇都宮頼綱が親鸞一行を迎えた。頼綱は下野国南部から中部にかけて、さらには常陸国笠間郡（現在の茨城県笠間市）を所領とする大豪族であった。鎌倉幕府の執権北条義時の妹を妻とした、幕府の有力者でもあった。さらには法然晩年の有力門弟として実信房蓮生という法名を与えられていたのである。彼は親鸞より五歳の年下で、親鸞の弟弟子であったことになる。

親鸞は関東行きに当たって頼綱に相談をかけ、頼綱もまた親鸞一家を迎え入れたということであろう。笠間郡には稲田郷があり、親鸞一家はそこで宇都宮一族の保護を受けつつ

宇都宮頼綱　『拾遺古徳伝絵』より．
茨城県那珂市常福寺蔵，鎌倉時代末期．鎌倉幕府の有力武将，文化人で，親鸞が住んだ常陸国稲田の領主でもあった．

宗教活動を行なったのである（拙著『親鸞聖人稲田草庵』自照社出版、二〇一一年）。

常陸国と稲田の環境

常陸国は延喜式で大国とされた豊かな地域である。『延喜式』では、諸国を収入がもっとも多い国を大国とし、以下、上国・中国・下国と区分している。『和名類聚抄』によれば、常陸国は国単位では陸奥国に次いで収入が多いという。また親鸞は、常陸国の南西に接する下総国でも大いに活躍したが、この下総国も大国であった。

?＝親鸞
- 善鸞

親鸞＝恵信尼
- 小黒女房
- 信蓮房（栗沢）
- 有房（道性。益方）
- 高野禅尼
- 覚信尼（おう）

さらに、親鸞が関東で主に住んだと推定された稲田には、南北に走る街道の大神駅と呼ばれる宿場があった。宿場があれば市があった可能性がある。また稲田には常陸国七大神社の一つである稲田神社があった。稲田は寒村ではなく、賑わっていて人口も多かったのである。この稲田で親鸞は教えを説き、また各地に出かけて行った。

親鸞が住んだ所とされているのは、稲田だけではない。小島草庵（茨城県下妻市）・大山草庵（茨城県城里町）・大高山（茨城県常総市）・三谷草庵（栃木県真岡市）その他、多数にわたる。その中では、やはり稲田が本拠地であろう。越後誕生の者も含めて五人の子持ちになったからには、そう気安くは引っ越せまい。一時的な短い期間の滞在地は何か所もあったであろうが。加えて、後に親鸞聖人門弟二十四輩と呼ばれた初期の有力門弟たちの住所は、ほとんどが稲田を中心とする三十数キロから四十キロの圏内に入っていた。人は一時間に四キロほど歩けるとされているから、四十キロなら十時間ほどである。親鸞は朝、稲田草庵を出て目的地まで歩き、夜に念仏の会を開いてその夜は泊めてもらい、朝に稲田草庵に向けて帰るという生活が多かったようにみえる。

布教と『教行信証』の執筆

親鸞はどのようにして新しい念仏を広めることができたのであろうか。当時の宗教は、治病・安産・悪霊除け・追善供養・畑の虫追い払いなどを目的とした、呪術的な内容が普通であった。親鸞の念仏はそれらを目的とした内容ではない。しかも人々はその呪術的宗教以外の新しい信仰を求めているのでもない。親鸞の布教は困難が予測された。

しかし親鸞は多くの門徒を東国で得た。新しい信仰を受け入れて日常の生活なり家庭が壊れては意味がない。おそらく親鸞は恵信尼や子どもたちとともに望ましい生活を送っていたのであろう。その人が説く教えならば聞いてみようというところが手がかりで親鸞の念仏の教えが広まっていったのではなかろうか。教理が先ではない。むしろ後である。

この生活の中で元仁元年（一二二四）、親鸞は法然の専修念仏論を理論的に深めた『教行信証（顕浄土真実教行証文類）』を執筆した。この書は親鸞の帰京後も補訂が加えられているが、この時に執筆したいわゆる坂東本（ばんどう）が現在に残る唯一の自筆本である。

東国では横曾根の性信（しょうしん）、鹿島の順信（じゅんしん）、高田の真仏（しんぶつ）・顕智（けんち）、河和田の唯円（ゆいえん）ら多くの門弟ができた。その中には山伏弁円（べんねん）のように、はじめは親鸞に強い反感を抱いていたけれども、後に門弟となった人たちもいたのである。弁円は親鸞から明法（みょうほう）という法名を与えられた。

再び京都の親鸞

帰京の理由

貞永元年（一二三二）、六十歳のころ、親鸞は京都に帰った。その理由についてはいくつかの説があるが、親鸞も還暦になって故郷へ帰りたかったからではないだろうか。この後親鸞は九十歳まで長生きをする。後世の私たちは「親鸞の京都での人生はあと三十年もある、では何らかの長期間の重要な作業をするために帰京したのではないか」と思いがちである。しかし当時の平均寿命は四十代の前半と推定される（当時だけではなく、日本で平均寿命の調査が始まった一八九一年でさえ、男性四十二、八歳、女性四十四、三歳である）。誰も、親鸞自身も九十歳まで生きるとは思っていなかったはずである。長期間の作業をしようという目的を持っていたとは思えない。

また従来、帰京に当たっては妻や子どもたちを伴っていたはずだ、ここで家族を壊す必然性はない、という説が一般的であった。しかし当時、夫婦はずっと一緒にいなければならないという論理はない。子どもの小黒女房は二十代半ば、信蓮房は二十二歳、それ以下の子も覚信尼を除いて成人に達している。それぞれ配偶者もいただろうし、仕事もあったはずである。京都に生活の基盤が何もない親鸞が、それらを捨てさせて引き連れていけるわけがない。親鸞は一人で帰京したと判断すべきである。

帰京後の親鸞は、しばらく何もした気配がない。それどころか行方をくらましていた様子である。しかしやがて落着き、東国から訪ねて来る門弟たちを指導したり、また書状でも教えを説く日常となった。

親鸞は『教行信証』に補訂を加えつつも、その作業は宝治元年（一二四七）、七十五歳の時にほぼ終わったようである。翌年には「浄土和讃」と「高僧和讃」を制作し、またさらにその二年後の建長二年（一二五〇）七十八歳の時には『唯信抄文意』を執筆した。

多数の書物の執筆

親鸞は、それまでわかりやすい教義書や皆で唱和することのできる和讃を作ることはなかった。しかし布教のためにはそれらが必要であると感じていたのであろう、学者向けの『教行信証』がほぼ完成すると、それらの執筆

親鸞坐像　茨城県常陸大宮市善徳寺蔵，戦国時代から近世初頭．一木造，等身大よりやや小さい．

親鸞は非僧非俗（頭を剃る僧でなければ，髷を結う俗人でもない）を称え，禿（おかっぱ，総髪）あるいは愚禿を名のった．親鸞は越後時代以降，禿姿で過ごした可能性が高い．この親鸞坐像は，それを強烈に示している．

に向かった。それが「浄土和讃」・「高僧和讃」であり、『唯信抄文意』である。

親鸞は八十二歳から八十六歳までの五年間、急に、そして非常に多くの著書・和讃を執筆し、また書写した。現代に伝えられている親鸞の真筆（直筆）のうち、何と八割以上がこの五年間に執筆・書写されている。これはおそらく息子善鸞に関する問題が原因である（前掲拙著『親鸞と東国』）。その多数の執筆もそろそろ終わりに近づいた親鸞八十六歳の正嘉二年（一二五八）十二月、親鸞は高田の顕智に「自然法爾（じねんほうに）」について語った。「自然法爾」とは、すべてを阿弥陀仏の心のままに自然に任せよう、という親鸞最後の信仰の境地である。

弘長二年（一二六二）十一月、親鸞は九十歳の一生を終えた。

歎異抄の書誌

歎異抄の歴史

聞き書き

歎異抄は、親鸞が説いた話を門弟の唯円が聞いて筆記した、という内容である。このようにして教えを伝えることは、鎌倉・室町時代ではよく行なわれた。それが聞き書きである。例えば曹洞宗(そうとうしゅう)の道元(どうげん)の著『正法眼蔵(しょうぼうげんぞう)』と、その門弟懐奘(えじょう)の聞き書きである『正法眼蔵随聞記』は有名である。浄土真宗にも、親鸞門弟横曾根の性信の「真宗聞書(しんしゅうのききがき)」、同じく鹿島の順信の「信海聞書」「下野聞書」などがある。歎異抄もその一つと考えられる。

歎異抄の古写本

後述するように、歎異抄の著者は唯円と推定されているけれども、原本は未発見である。古写本は、現在知られている限りでは、蓮如が筆

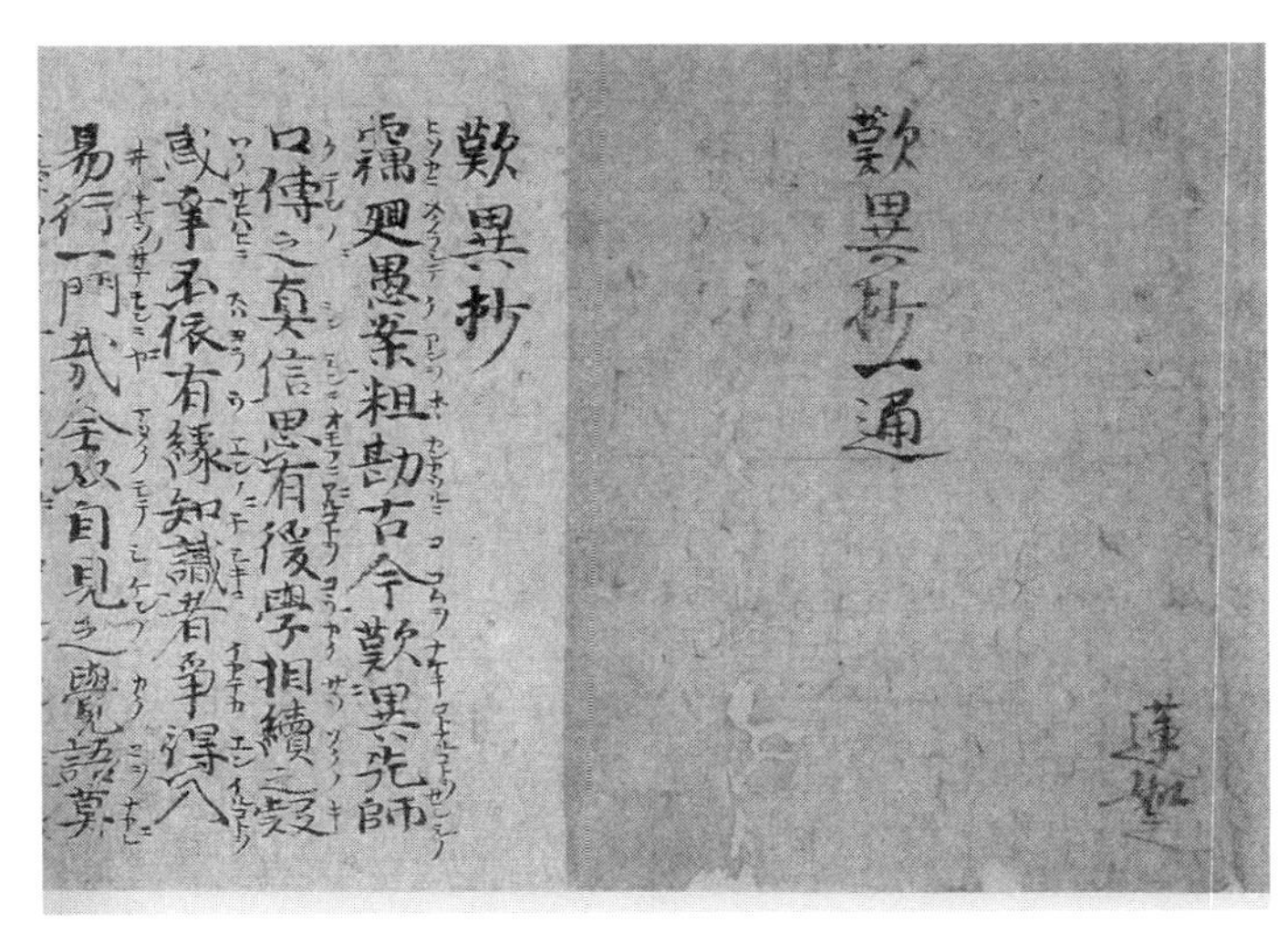
歎異抄一通
蓮如

歎異抄
竊廻愚案粗勘古今歎異先師
口傳之眞信思有後學相續之疑
惑幸不依有緣知識者爭得入
易行一門哉全以自見之覺語莫

蓮如書写の歎異抄　京都市西本願寺蔵

写した本がもっとも古い（西本願寺蔵）。これは室町時代の文明十一年（一四七九）、蓮如六十五歳ころの筆跡と推定される（岩波日本古典文学大系『親鸞集　日蓮集』二二一頁）。

蓮如は、歎異抄の重要性に気づきつつも、内容に誤解される恐れがあるとして禁書扱いにした。これについて蓮如は奥書で次のように述べている。

右斯の聖教は、当流として大事の聖教なり。無宿善の機に於いては、左右なく許すべからざる者なり。（原漢文）

「この聖教（歎異抄）は浄土真宗として大切な教えの書物です。しかし信心を得るための阿弥陀仏の縁を持っていない者にはたやすく読ませてはなりません」。

では蓮如はどのような事情から歎異抄を読むことができたのであろうか。それは下総国関宿（現在の千葉県野田市）の常敬寺が、室町時代の第六世善鸞の時、蓮如に帰順した（『大谷遺跡録』『二十四輩順拝図会』）ことに関わりがあるのではないかという推測がある。

常敬寺の開基は親鸞の孫唯善である。唯善は常陸国河和田に住んだことがあり（『存覚一期記』）、唯円の門弟になっており（親鸞聖人門侶交名牒）、その唯円の異父弟であるという説もある。唯善はやがて京都に戻ったが、親鸞廟堂の管理権をめぐって異父兄覚恵と争って敗れ、鎌倉そして関宿と移って常敬寺を開くに至った。それは十四世紀の初めという。

唯善は唯円から歎異抄の写本あるいは真筆本を与えられ、それが常敬寺に伝わり、常敬寺が蓮如に帰順した時に歎異抄も蓮如の手に渡った、という推測である（北村俊一氏のご教示による）。この推測はかなりの妥当性があるように思われるので、今後さらに検討を進めていきたい。

古写本として、次に永正十六年（一五一九）の写本（大谷大学蔵）、戦国時代末期の写本（龍谷大学蔵）、もう一つの戦国時代末期の写本（龍谷大学本を写して永正の写本系統で修正。大谷大学蔵）がある。

蓮如書写本で伝えられている歎異抄は、当初は現行本とは異なる構成の内容だったのではないかという説もある。その立場からの内容検討も行なわれてきた（佐藤正英『歎異抄論註』青土社、一九八九年）。しかしそのことを解明するのは困難であるので、本書ではそれには触れない。

江戸時代の版本と研究書

蓮如の心配にもかかわらず、歎異抄は江戸時代に木版刷りで出版されるなど（版本）、比較的早くから公開されている。それはまず、元禄四年（一六九一）本である。版本としてはこれがもっとも古い。続いて『真宗法要』（明和三年、一七六六）と『真宗仮名聖教』（文化八年、一八一一）にも収録された。研究書としては了祥（天明八年～天保十三年、一七八八～一八四二）の『歎異鈔聞書』がある。

歎異抄の再発見

明治時代に入り、真宗大谷派の学僧暁烏敏（あけがらすはや）によってその重要性が再発見され（暁烏敏『歎異鈔講話』、明治四十四年、一九一一）、ついで清沢満之（きよさわまんし）が高く評価したことによって一般に注目されるようになった。さらに第二次大戦後、『歎異抄』は特に悪人正機が説かれているとして注目された。これは第二次大戦に関する反省を含め、悪いのは私、反省しなければ、という社会的風潮が後押ししたようにみえる。

二、三の関係著書をあげれば、曽我量深『歎異抄講記』（改訂版、一九六七年。現在は東本願寺出版部刊行）、梅原猛『歎異抄』（講談社文庫、一九七二年）、坂東性純『新講歎異抄』（草光舎、一九九九年）、拙著『わが心の歎異抄』（東本願寺出版部、二〇〇七年）などが、さらには梯實圓「仏教講座　歎異抄を読む」（『自照同人』第五九号、二〇一一年からの連載。ただし筆者他界により未完）がある。

歎異抄の著者と執筆意図

著者は誰か

歎異抄の著者について三つの説がある。如信（にょしん）説、覚如（かくにょ）説、河和田（かわわだ）の唯円説である。

【如信説】覚如の『口伝抄』の中に、歎異抄と似た文がある。覚如は、『口伝抄』は如信に教えられた内容を述べたもの、と同書の中で述べている。そこで歎異抄は如信が執筆したと推定される、という説である。

【覚如説】覚如は如信に仮託して『口伝抄』を書いたが（正確には覚如が述べたことを高弟乗専が筆記した）、実は覚如の創作なのではないか。すると似た文章がある歎異抄も覚如が著者であるということになる、という説である。

【唯円説】平安・鎌倉時代は、本文中にそれとなく自分の名を記しておくのが筆者名の表現方法であった。歎異抄には二ヵ所、親鸞と親しい様子を示しながら唯円の名が出ている。他の人の名も出ているが、そっけなく記されているだけである。そこで著者は唯円であろうという説である。この説は江戸時代の天明五年（一七八五）に玄智が著わした『本願寺通紀』巻七に

此鈔、蓋（けだ）し唯円の手に出歟。

と出ている。ただし唯円という名の人物は、河和田の唯円、鳥喰（とりばみ）の唯円など複数がいたが、『本願寺通紀』は特定の唯円を指定したものではない。

【河和田の唯円説】明治時代末期、浄土真宗の学僧である近角常観（ちかずみじょうかん）は、河和田の唯円が著者としてふさわしいと主張した。それは、歎異抄を書くにはかなりの教養が必要であり、『慕帰絵』に優れた学僧として出る河和田の唯円こそその人であろう、というのである。覚如は若いころにこの唯円から教えを受けた。同書に、河和田の唯円について次のようにある。

常陸国河和田唯円房（中略）、かの唯円大徳は鸞聖人の面授なり、鴻才弁説の名誉あり。

「常陸国河和田に住む唯円殿は、親鸞聖人から直接教えを受けた人です。学問が大変深く、説教もとても上手だという評判です」。

「歎異抄の筆者は河和田の唯円」説は、現在ではほぼ定説化している。

執筆意図

歎異抄には「序」と「後序」と、二つの序がある。ここでは「序」によって歎異抄の執筆意図を見ていきたい。まず序の本文と現代語訳を記す。

なお、「序」は歎異抄の最初に書かれているが、後序は第十一章の次に書かれている。

歎異抄序

竊(ひそか)に愚案を廻して、粗(あらあら)、古今を勘るに、先師口伝の真信に異なることを歎き、後学相続の疑惑有らんことを思に、幸に有縁(うえん)の知識に依らずば、争(いかで)か易行の一門に入ことを得んや。全く自見の覚悟を以て、他力の宗旨を乱こと莫れ。仍て故親鸞聖人御物語の趣むき、耳の底に留まる所ろ、聊(いささ)か之を注す。偏(ひとえ)に同心の行者の不審を散ぜんが為也と云々。（原漢文）

【現代語訳】そっと考えまして、だいたいの、過去から現在のことを検討してみますと、お師匠様がお話ししてくださったほんとうの信心と違った教えが存在していることが嘆かわしいですし、若い方たちが学ぼうとしても疑問がある状況だろうと思います。運よく縁のある指導者に導いていただくということがなければ、どうして阿弥陀仏の本願を信じて念仏を称える道に入ることができましょうか。自分勝手なさとりの境地を決めてしまって、本願を信じる教えを混乱させるのは、ほんとうにやめなさい。そういうわけで、亡くなられた親鸞聖人がお話し下さった内容で、私の耳の底に残っていることをいくつかここに記しましょう。これはただ、私と同じ気持で念仏を称えている人たちの疑問を解いてあげたい、という目的のためなのです。

【序の要旨】

1　世の中には故親鸞の教えとは異なる教えが存在しているので、いま、親鸞の教えを学んでいる者は困っているに違いない。

2　勝手な教えを説いている人たちは、そのようにして親鸞の教えを乱さないでもらいたい。

3　誰かが親鸞の正しい教えを伝えなければならない。それを私が行ないたい。

4　私は親鸞から直接教えを聞いた。その教えが私の耳の底に残っている。したがって私には聖人の教えを伝える資格がある。

5　私は念仏を学んでいる人たちの疑問を解いてあげたい。

以上の要旨に基づいて、歎異抄は述べられている。

親鸞のこころ

歎異抄第一章

弥陀の誓願不思議にたすけられまひらせて、往生をばとぐるなりと信じて念仏まふさんとおもひたつこゝろのおこるとき、すなはち、摂取不捨の利益にあづけしめたまふなり。弥陀の本願には、老少善悪のひとをえらればず、たゞ信心を要とすとしるべし。そのゆへは、罪悪深重（ざいあくじんじゅう）・煩悩熾盛（ぼんのうしじやう）の衆生をたすけんがための願にまします。しかれば、本願を信ぜんには他の善も要にあらず、念仏にまさるべき善なきゆへに。悪をもおそるべからず、弥陀の本願をさまたぐるほどの悪なきゆへにと云々。

【現代語訳】阿弥陀仏の誓願による、考えることもできないくらい大きな慈悲に助けていただいて、極楽往生すると信じて念仏を称えようと思い起こしたとき、即座に、救い摂ったら絶対に捨てることのない恩恵を阿弥陀仏はお与えになるのです。阿弥陀仏の本願では、老人・若者・善人・悪人の誰を選び取るなどということはなく、ただ人には信心だけが必要なのです。その理由は、罪深く欲望が盛んに起こる人間たちを助けるための願だからです。そういうことなので、本願を信ずるためには念仏以外の善は必要ありません。念仏より優れた善はないからです。悪だって怖がらなくてもいいです。それは阿弥陀仏の本願の働きの邪魔をするほど大きな悪もないからです、と親鸞は言われました。

【考察】

念仏の展開　親鸞の念仏は、阿弥陀仏の誓いと願いに対する信心がもとになっている。現代日本では、一般的に、念仏といえば「南無阿弥陀仏」と声で称えることとして知られているが、それは本来の言い方からすれば称仏である。インド以来の仏教では、念仏といえば仏を念じることである。仏と浄土のありさまを想い、さらにはそのありさまを目の前に出現させることである。これが観想念仏、略して念仏である。阿弥陀信仰ならば、その方法が特に『観無量寿経』に何種類にもわたって詳しく記されている。無量寿というのは阿弥陀仏の異名の一つである無量寿仏（「永遠の命を持ち、また与えてくれる仏」という意味）のことである。『観無量寿経』とは、阿弥陀仏を目の前に観る方法を説いた経という意味である。この『観無量寿経』に示されたいろいろな対象を「念」じて「観」る練習をし、最後に極楽世界のすばらしい風景や仏について、

　これを観る者あらば、無量億劫の極重悪業を除き、命終りて後、必らずかの国に生まれん。（原漢文）

「目の前に観ることができた者は、数えきれない過去世から積んできた重罪を取り除くことができ、臨終の後には必ず極楽浄土に生まれるであろう」ということであった。

観想念仏ができなければ地獄など迷いの世界に堕ちる。平安時代の源信の『往生要集』は、地獄の恐ろしさと極楽浄土のすばらしさを詳しく述べて観想念仏を勧めている。

法然の念仏　しかし観想念仏は難しい。それにかかりきりというわけにもいかず、生活のために働かなければならない者が多い。智慧のない者はどのようにするのが正しいか分からない。そこで法然は阿弥陀仏が四十八種類示した救いの方法のうち、第十八番目の称名を選び択って本願とした。

「南無阿弥陀仏」の六文字には阿弥陀仏のあらゆる功徳が摂めてあり、それを称える念仏は他のすべての行より勝っている。それは簡単なので誰にでもできる。すべての人を救い得る。これは法然の選択であるけれども、それ以前に阿弥陀仏が選択されたものであり、さらには釈迦の選択でもある。人は念仏を称えれば、阿弥陀仏の本願の力によって極楽に往生できるのだ。法然はこのように教えた。法然はこの教えを、中国の善導の『観無量寿経疏』から学んだと『選択本願念仏集』に述べている。

ただし法然は極楽浄土を観ることを切望していた。醍醐本『法然上人伝記』によれば、建久九年（一一九八）六十六歳の時、『選択本願念仏集』を執筆中に初めて観たという。これを三昧発得（さんまいほっとく）という。以後何度か三昧発得の境地に達したとされる。これは「偏（ひと）へに善導に依る」（『選択本願念仏集』）とするほど慕っていた善導がこの境地に達していたからであるという。親鸞は法然を手本にしつつも、三昧発得を望むことはなかった。

親鸞の信心　親鸞は、その称名念仏をさらに一歩進めた。それが歎異抄第一章に示されている。そこには弥陀の本願と信心が強調されている。念仏を称える作業は「念仏まうさんとおもひたつこゝろのおこるとき」と、やや後退したような印象さえ受ける。すべての宗教は信じる心がなければ成り立つまい。親鸞の信仰はその意識が強烈に強い。親鸞はその著『唯信抄文意』の中でも、次のように述べている。

選択不思議の本願、無上智慧の尊号をききて、一念も疑ふこゝろなきを真実信心というなり。

「阿弥陀仏が人々を救うために選択された、私たちの考えても理解することのできない本願による、この上ない救いの道理を見極める力が込められた尊い阿弥陀仏の名を聞いて、一瞬でもその力を疑うことのない心を真実の信心といいます」。そしてその信心は、阿弥陀仏の本願の働きによって人々に与えられたものである。人が自分の力で固めたものではない。後年、八十六歳の親鸞は夢告讃(むこくさん)で次のように述べている。

弥陀の本願信ずべし
本願信ずるひとはみな
摂取不捨の利益(りやく)にて
無上覚をばさとるなり

「阿弥陀仏の本願を信じましょう。本願を信ずるひとはすべて、阿弥陀仏の救い摂ったら捨てることのない慈悲のおかげで、この上ないさとりの境地を得られるのです」。

以上のような信心の境地は、厳密にいえば法然の境地とは異なる。そして親鸞がこの境地に達したのは、おそらく吉水草庵においてではない。流罪後の越後、さらには関東で達した境地であろう。少なくとも吉水草庵においては、親鸞は法然と同じ信心の境地を抱いていると思っていたはずである。

歎異抄第二章

おの〳〵、十余ヶ国のさかひをこえて、身命をかへりみずしてたづねきたらしめたまふ御こゝろざし、ひとへに往生極楽のみちをとひ、きかんがためなり。しかるに、念仏よりほかに往生のみちをも存知し、また法文等をもしりたるらんと、こゝろにくゝおぼしめしておはしましてはんべらんは、おほきなるあやまりなり。もししからば、南都北嶺にもゆゝしき学生たちおほく座せられてさふらうなれば、かのひとにもあひたてまつりて、往生の要よく〳〵きかるべきなり。親鸞におきては、たゞ念仏して弥陀にたすけられまひらすべしと、よきひとのおほせをかふりて、信ずるほかに別の子細なきなり。念仏は、まことに浄土にむまるゝたねにてやはんべらん。また、地獄におつべき業にてやはんべるらん。惣じてもて存知せざるなり。たとひ、法然聖人にすかされまひらせて、念仏して地獄におちたりとも、さらに後悔すべからずさふらう。そのゆへは、自余の行もはげみて仏になるべかりける身が、念仏をまふして地獄にもおちてさふらはゞこそ、すかされたてまつりてといふ後悔もさふらはめ、いづれの行もおよびがたき身なれば、とても地獄は一定すみかぞかし。弥陀の本願まことにおはしまさば、釈尊の説教虚言なるべからず。仏説まことにおはしまさば、善導の御釈虚言したまふべからず。善導の御釈まことならば、法然のおほせそらごとならんや。法然のおほせまことならば、親鸞がまふすむねまたもてむなしかるべからずさふらう歟。

詮ずるところ、愚身の信心におきては、かくのごとし。このうへは、念仏をとりて信じたてまつらんとも、またすてんとも、面々の御はからひなりと云々。

【現代語訳】皆さんが十余りの国々を、生命の危険を無視して私を訪ねてきて下さったお気持はただ一つ、極楽往生のための方法を質問して答えを得たいということでしょう。でも私が念仏のほかに往生の方法を知っているとか、あるいは経典などでも知っているのかといぶかしく思っておられるなら、それは大きな間違いです。もしそういうことならば、奈良の寺々や比叡山にも大変優れた学者が多数おられますので、その人にお会いになって往生のための重要な話を念を入れてお聞きになるべきでしょう。私親鸞の場合は「ひたすら念仏を称えて、阿弥陀仏にお助けいただきましょう」とすばらしい法然聖人の仰せをいただいて、それを信ずる以外に特別の話はありません。念仏は、ほんとうに極楽浄土に生まれるための原因になるのでしょうか。あるいは、地獄に堕ちてしまう行為なのでしょうか。まったくほんとうに知りません。もし法然聖人に「念仏を称えれば極楽へ往生できるから」と教えられ、それが嘘であって騙されることになり、「それでは」と念仏を称えて地獄に堕ちてしまっても、私は決して後悔いたしません。その理由は、念仏以外の行を熱心に努めればさとりを得られることになっている私が、念仏を称えて地獄に堕ちてしまったならば、「騙されてしまった」という後悔も生まれるでしょう。でも私はどのような行を励んでも、さとりを得ることができる能力を持ち合わせていません。ともかく地獄に住むことが確定していたのですから。阿弥陀仏の本願がほんとうに存在しているのでしたら、それを受けて釈迦が説かれたことは嘘ではないでしょう。釈迦の教えが真実ならば、そのことについて善導は嘘の解説をされるはずがありません。善導の解説がほんとうでしたら、法然の仰ることはいつわりのはずがありません。法然の仰ることがほんとうでしたら、私親鸞が申し上げることもまた、無駄であるということはないでしょう。結局のところ、私の信心についていては以上のとおりです。そういうことですから、念仏を選択して信じられようとも、また捨ててしまおうとも皆さんお一人お一人のお考え次第です。親鸞はこのように言われました。

【考察】

門弟の切なる望み　親鸞の門弟たちの望みは、第一に極楽往生である。そして往生できるという確信を得て毎日を平穏に生きるということであろう。しかしながら、その確信を継続させることは難しい。少なくとも、毎日の生活の中で起こる思いがけない困難なできごとや精神的な動揺の中で、確信は揺らぐことも予測される。その時に頼りになるのは、自分を導いてくれる師匠である。その師匠である親鸞が関東から京都に移ったということは、門弟たちにとっては困るできごとであった。また師匠に話を聞きたい、導いてもらいたい。かくて門弟たちの第二の望みは、親鸞に会うことである。こうして門弟たちは京都に親鸞を訪ねたのである。『親鸞伝絵』に、

五条西洞院(にしのとういん)わたり、一の勝地也とて、しばらく居をしめたまふ。今比(このころ)、いにしへ口決(くけつ)を伝ひ、面受を遂し門徒等、をのをの好を慕ひ、路を尋て参集たまひけり。

「五条西洞院あたりは住むのにいいところの一つだということで、しばらくの間住居とされておられました。そのころに、昔、関東で大切な教えを伝えられ、直接の指導を受けた門弟たちが、それぞれの親しい交わりを恋しく思って、聖人の住居へ行く道を尋ねつつ集まってきました」とある。むろん、訪ねることができるのは経済的にも身分的にも保障された武士たちだけである。農民が京都まで訪ねることはできない。親鸞の書状から浮かび上がる門弟の名前は、次のとおりである。

① 高田の入道（高田は下野国。親鸞の保護者であった大内氏の一族の一人であろう）
② 専信（高田）
③ 顕智（高田）

④ 覚信（高田）
⑤ 明教
⑥ しむしの入道（武蔵国）
⑦ 正念房（武蔵国）
⑧ その他

下野国芳賀郡高田を本拠にする門徒には二つの特色がある。第一は京都の親鸞を慕い、京都に行きたいとする心の強さ。第二は、親鸞の直筆（真筆）を求める心の強さである。現在、数多くある親鸞の直筆のうち、全体の四割は三重県津市一身田の真宗高田派本山・専修寺に所蔵されている。戦国時代後期から江戸時代初めにかけてまでは、それらの多くはかつての高田門徒の本拠である現在の栃木県真岡市高田の高田派本寺・専修寺の所蔵であった。本寺が戦火で焼け、散逸を恐れた関係者が真筆を一身田へ移したのである。

法然のもとに通う　二十九歳の親鸞は六角堂の本尊観音菩薩の夢告を得てから、吉水草庵に百日間通った。法然のもとに向かったのは六角堂の観音菩薩の指示であるという説があるけれど、それは史料的には根拠がない。それより、親鸞はかなり以前から法然のことを知っていたに違いない。なにせ法然が吉水に草庵を構えたのは安元元年（一一七五）のこ

法然　『拾遺古徳伝絵』より．茨城県鉾田市鳥栖無量寿寺蔵，14世紀初頭．
親鸞が一生の師匠と仰いだ法然．親鸞より40歳年上であった．

とであり、文治二年（一一八六）には天台座主の顕真に招かれて問答を行ない（大原問答）、顕真の同意によって専修念仏は一挙に有名になっていたのである。また多くの人たちが法然の門に入った。その三年後の文治五年（一一八九）年からは九条兼実との親しい交際が始まっている。以上の状況の中で親鸞が専修念仏を知らなかったはずはない。

専修念仏説を知りたかったら、ひとまず一時間もかかるまい。それなのに百日間も通ったのはなぜか。天台宗の教学と修行で成果があがらなかった親鸞は、それらとは百八十度異なる専修念仏に強い関心があったのではなかろうか。しかしそれを説く法然とはいかなる人物か。信用していいのか。それを自分で確かめるために百日も通ったのではないか。法然の声、人柄、行動などに接するうち、この人ならと尊敬する気持になれて、さらには今後の人生を専修念仏に賭けてみようと思い立ったのである。

法然を師匠とする喜び　その結果、親鸞には充実した日々が訪れた。阿弥陀仏の本願を信じて念仏を称える毎日。尊敬する法然からは高く評価され、信頼される生活。とても幸せであったに違いない。このなかで親鸞は法然を一生の師と思い定めたのである。それは歎異抄第二章の前掲「たとひ、法然上人にすかされまひらせて、念仏して地獄に堕ちたりとも、さらに後悔すべからずさふらふ」という文によく示されている（拙著『わが心の歎異抄』東本願寺出版部、二〇〇七年）。騙されても、地獄に堕ちても後悔しないというのである。同じ意味の話を、恵信尼も親鸞から聞いていた。恵信尼書状第三通に、

しゃうにんのわたらせ給はんところには、人はいかにも申せ、たとひあくだうにわたらせ給べしと申すともせ、しやうじやうにもまよいければこそありけめ、

「法然上人がいらっしゃるところでしたら、他人はどのように噂（うわさ）しても、もし地獄などの恐ろしい世界であっても、今後どのような世界に生まれ変わり死に変わりしていても、絶対にためらわずについていきます」と記されている。

親鸞の励まし　京都に親鸞を訪ねるほどの門弟たちは、極楽往生のためには何がもっとも大切かよく分かっている。しかし、親鸞の口からあらためて聞きたい、できれば経典などの文献を示してもらい、「この本を読んでいれば、私がいなくても大丈夫ですよ」と言っ

てもらいたいのである。しかし親鸞は、自分の信心をあらためて述べ、その理論的根拠もあらためて示し、「念仏を信じるか信じないか、あとは皆さんの気持次第ですよ」と突き放している。一見冷たいようにみえるけれど、熱心な門弟たちを励ましているということであろう。

師弟の親しみ　しかしだからといって親鸞は、門弟たちに京都へ来てほしくなかったということではない。京都へ帰った当初こそ、

　長安洛陽の栖も跡をとゞむるに嬾。

「京都での住居は明らかにしたくありません」（『親鸞伝絵』）と、門弟たちとの交流を維持したくなかった気配があるが、やがてその交流を再開した。かなり後の親鸞八十四歳のときになるけれど、高田の覚信に対しても、

　いのち候はば、かならず〱のぼらせ給べく候、

「お元気ならばぜひ京都へいらっしゃってください」と誘っている。

三代伝持　では親鸞が亡くなってからはどうしたらいいのか。これについては、親鸞の曾孫覚如が三代伝持の考えを打ち出している（細川行信『真宗教学史の研究』法蔵館、一九九〇）。覚如は、建武四年（一三三七）、『改邪抄』を著わした（実は覚如の口述を高弟の乗専

が筆記した)。その中で、

余、壮年の日、かたじけなくも三代黒谷・本願寺・大網伝持の血脈(けちみゃく)を受け、

「私は働き盛りのころ、ありがたいことに三代の方々(法然聖人・親鸞聖人・如信上人)が伝え持(たも)ってこられた教えを与えられ」とある。法然から親鸞へ、親鸞から如信へ伝えられた正しい仏法を自分(覚如)が受け継いでいるという主張である。覚如のもとに来れば親鸞の正しい教えを受けることができるという主張でもある。同じく覚如の『口伝抄(くでんしょう)』の最初にも、

本願寺(親)鸞聖人、如信上人に対しましく〳〵て、おりおりの御ものがたりの条々、

「親鸞聖人が如信上人に、機会あるごとに話されたいくつかの項目」として二十一箇条にわたる教えを説き、さらにこれが法然から伝えられたものであることも述べている。『改邪抄』と同じく、三代伝持の主張である。

三代伝持の観点からは、横曾根(よこそね)の性信(しょうしん)が著わしたという『真宗聞書』が法然・親鸞・性信と続く横曾根門徒の三代伝持を主張する書物と言えよう。同じく鹿島の順信の『信海聞書』は法然・親鸞・順信と続く鹿島門徒の三代伝持、そして河和田の唯円の『歎異抄』は法然・親鸞・唯円と河和田門徒ともいうべき人々の三代伝持を主張している書物という

ことができる。

歎異抄第三章

善人なをもて往生をとぐ、いはんや悪人をや。しかるを世のひとつねにいはく、悪人なを往生す、いかにはんや善人をや。この条一旦そのいはれあるにたれども、本願他力の意趣にそむけり。そのゆへは、自力作善のひとはひとへに他力をたのむこゝろかけたるあひだ、弥陀の本願にあらず。しかれども、自力のこゝろをひるがへして他力をたのみたてまつれば、真実報土の往生をとぐるなり。煩悩具足のわれらは、いづれの行にても生死をはなるゝことあるべからざるをあはれみたまひて、願をおこしたまふ本意、悪人成仏のためなれば、他力をたのみたてまつる悪人もとも往生の正因なり。よて善人だにこそ往生すれ、まして悪人は、とおほせさふらひき。

【現代語訳】極楽往生のためにと善行を積んでいる善人でさえ往生できるのですから、どうしてそれを積めずに悪い行ないを繰り返している悪人が往生できないことがありましょうか。それなのに世の中の人はいつも、「悪人だって往生できるのですから、どうして善人が往生できないことがありましょうか」と言っています。この話はひとまず理屈が通っているようにみえますが、阿弥陀仏の本願や他力の考え方に反しています。なぜかと言いますと、自分の力に頼って善行を積んでいる人は、阿弥陀仏の本願の力を頼りにする気持がないので、阿弥陀仏が救おうとされる対象からはずれてしまいます。しかし、自分の力に頼る気持をあらためて阿弥陀仏を頼りにするようになれば、ほんとうの浄土に往生できるのです。捨てなければいけない欲望や怒り、妬みなどが満ち満ちている私たちは、どんな善行を積んでも迷いの世界を出ることはできません。それを憐れんで、阿弥陀仏が願を起こされたほんとうの目的は、悪人が極楽往生するようにとのことなのですから、阿弥陀仏の力にすがる悪人こそ、正しく往生する人なのです。そのような訳で、善人でさえ往生できるのだから、まして悪人が往生できないことがありましょうか、と親鸞は仰ったのです。

【考察】

悪人正機説　歎異抄第三章はいわゆる悪人正機（あくにんしょうき）について説いている。阿弥陀仏（あみだぶつ）が救おうとしているほんとうの対象は、自分で自分を救うことができない悪人である。このような悪人正機説は、長い間親鸞の独特の思想として扱われてきた。しかし、近年では法然とその門下に共通した認識であるとされるに至っている（末木文美士『日本仏教思想史論考』大蔵出版、一九九三年）。それは法然の高弟で暦仁元年（一二三八）に亡くなった勢観房源智の『法然上人伝記』（醍醐寺本）に次のように記されていることで判明する。

善人尚以て往生す。況や悪人をや。口伝これ有り。

「善人でも極楽往生します。まして悪人が往生しないことがありましょうか。このことについては書物ではなく口頭で伝えられています」。

暦仁元年は親鸞六十四歳である。『歎異抄』には親鸞のことを「故親鸞聖人」として記してあるから、『法然上人伝記』の執筆の方が先である。ただし法然の場合は、「鎌倉の二品比丘尼に進ずるご返事」に、

有智・無智、善人・悪人、持戒・破戒、貴賤・男女をもへだてず、（中略）たゞ念仏ばかりこそ、現当の祈禱とはなり候へ。

「知恵のある者・ない者、善人・悪人、戒律を守っている者・破戒の者、身分の高い者・低い者、男女を問わず、ひたすら念仏を称えることだけが現世・来世のための祈りになるのです」とあるように、実際の布教場面では善人と悪人の平等性に重点が置かれていたようである。また「黒田の聖人へつかわす御消息」には、

罪は十悪五逆のものむまると信じて、少罪おもおかさじとおもふべし。悪人なほむまる、いはむや善人をや。

「この上なく悪いことをさまざまに犯した者でさえ極楽往生できるから大丈夫と信じ、しかし自分ではほんの少しの悪いこともしない善人でいようと思いなさい。悪人だって極楽往生できるのですから、まして善人なら大丈夫ですよ」などとある。

理論的には悪人正機であっても、実際の布教場面では「いくら悪いことをしてもいいですよ」とは言いにくかったはずである。誤解される心配は十分にある。蓮如はそれを恐れたのである。

親鸞の意味する悪人・善人とは次のような内容である。まず善人とは、自らの力で、悟りあるいは極楽往生のために善いとされる行をし、迷いを離れることを目的とする者である。悪人とは、善い行ないをする能力がない者のことである。善人でない者はすなわち悪人である。そのような救いようのない悪人こそ、阿弥陀仏が慈悲の力で真っ先に救おうとされている、と説く。これを『教行信証（きょうぎょうしんしょう）』信巻に『涅槃経（ねはんきょう）』を引いて次のように述べている。

たとへば一人にして七子あらん。この七子のなかに一子病に遇（あ）へば、父母の心平等にいかなる悪人なれども、たすけ給へと思て、南無阿弥陀仏ととなふれば、仏の本願にならざるにあらざれども、しかるに病子において心すなはちひとへに重きがごとし。（中略）如来もまたしかなり。もろもろの衆生において平等ならざるにあらざれども、しかるに罪者において心すなはちひとへに重し。（原漢文）

「七人の子がいたとします。このうち一人の子が病気なれば、父母は七人の子を同じように大切にしていますけれども、この場合その病気の子を特に重く気にかけるでしょう。如来も同じことです。すべての人々を同じように大切にしていますが、でも罪のある人のことを特にすばやく、重く気にかけるのです」（『浄土真宗辞典』「悪人正機」の項）。

親鸞においては、悪人とは自力の救済ができない者のことである。言ってみればすべての人々は悪人なのである。そして人は自分が悪人であることを自覚する必要がある。これが親鸞の考え方である。

また、悪人正機説が法然とその門下に共通の認識として存在していたならば、それは後世の親鸞門下以外にも伝わった可能性がある。京都市上京区にある浄土宗大本山の一つ清浄華院第五世向阿証賢（こうあしょうけん）（文永二年（一二六五）〜貞和元年（一三四五））が元亨年間（一三二一〜一三二四）に著わした『帰命本願抄』に次のようにある。

乗じて必うまるる也。その願といふは、四十八願の中の第十八の願なり。（中略）その中に十方衆生といふは、まづ往生の機類をさだむ。善人も悪人もともにおさむるべけれども、大悲のほいをはかるに、もとも悪人をさきとすべし。

「どんな悪人であってもお助け下さいと思って南無阿弥陀仏と称えますと、阿弥陀仏の本願に救われて必ず極楽に往生します。その願というのは、四十八願の中の第十八願です。その第十八願の中に「十方衆生」という言葉があります。それは、先ず、どのような人たちが極楽往生するのか決めています。その人たちの中には、善人も悪人も含まれているのですが、阿弥陀仏の大慈悲の本意を探りますと、それは当然、悪人を先にしなければならないということです」。この文は悪人正機説の広がりが知られて興味深い。ただし「自力を捨てて他力に帰する」ということを強調したところに、歎異抄の悪人正機説の特色があるが、『帰命本願抄』などにはそのような文はない（梯實圓「歎異抄を読む」⑨第三条3〜悪人正機の意義〜『自照同人』第七六号、二〇一三年）。

向阿証賢は浄土宗鎮西派の良忠の弟子で、一条派を作った然空に入門した。証賢の活動により、一条派は鎌倉末期から南北朝時代にかけて浄土宗で最大の勢力となった。法然から然空に至る法系は次のようになる。

法然—弁長—良忠—然空—証賢

吉水草庵にて　親鸞は吉水草庵で専修念仏や悪人正機を学んだ。さとりに至る多くの修行を積むのではなく、ひたすら念仏を称えて極楽浄土へ往生し、そこのよい環境の中でさとりを得ようとする風潮が、平安時代半ばの十世紀から広がり始めていた。この思想を理論化したのが法然である。念仏だけを称える風潮が一般化していたからこそ、法然の専修念仏が社会に受け入れられたのである。伝統を尊重する社会において、いきなり革新的な考えを打ち出しても受け入れられるはずはないのである。

悪人とは何か　では悪人正機説はどうか。法然とその門下のこの考えは、社会一般に受け入れられるべき素地があったと考えざるを得まい。法然における悪人とは十悪五逆を犯す、現代的な意味でも悪い人という意味合いが強い。親鸞の場合は、自分は善行を成すことのできない人であって、悪人と自覚している人のことである。重点の置き方は異なっているけれども、社会的に悪人がとても大きな、積極的な意味を持っているように見える。

では当時、社会一般では悪とはどのように見られていたのであろうか。九条兼実の叔父にあたり保元(ほうげん)の乱で敗死した藤原頼長(よりなが)は「悪左大臣」と呼ばれたとして、『保元物語』は次のように伝えている。

宇治の左大臣頼長と申は（中略）人がらも左右に及ばぬ上、和漢ともに人にすぐれ、礼儀を整へ、自他の記録にくらからず。文才世に知られ、諸道に浅深をさぐる。朝家の重臣、摂籙（せつろく）の器量なり。（中略）賞罰勲功をわかち給、政務きりとほしにして、上下の善悪を糺されければ、時の人悪左大臣とぞ申しける。

「頼長は（中略）人柄もとてもよく、日本・中国の古典に詳しく、礼儀正しく、政治の基本になる記録をよく調べています。文章を上手に書くとしても世の中に知られ、さまざまな芸道も身につけています。天皇家にとっての重要な臣下であり、摂政にふさわしい能力を持っています。（中略）部下で手柄のある者とそうでない者と明確にし、滞りなく政務をさばき、社会の善悪をはっきりさせましたので、世の中の人たちは悪左大臣と呼びました」。

引用文はすべて頼長を褒（ほ）め、賛美している。その頼長は皆から「悪左大臣」と呼ばれたというのである。つまり、この場合の「悪」は褒め言葉であったのである。

また鎌倉幕府を開いた源頼朝には、義平（よしひら）という兄がいた。その義平について『平治物語』で次のように述べている。平家方に攻められて父の義朝が義平の助けを求める場面である。頼朝は父義朝の三男、義平は長男であった。当時、長男は太郎と呼ぶのが一般的であった。義平は源氏の太郎なので「源太」と呼ばれ、また鎌倉を本拠にしていたので「鎌倉」を名字にして鎌倉源太と名のっていた。

義朝是をみて「悪源太はなきか。（下略）」との給ひければ、「承候」とてかけられけり。（中略）大音声をあげて「此手の大将は誰人ぞ、名のれきかん。かう申は清和天皇九代の後胤、左馬頭義朝が嫡子、鎌倉悪源太義平と申者也。生年十五のとし、武蔵国大蔵の軍の大将として、叔父太刀帯先生義賢をうちしより以来、度々の合戦に一度の不覚の名をとらず。とし十九歳。見参せん」。

「太刀帯先生義賢」とは義朝の異母弟で、上野国（群馬県）を本拠に北関東に大きな勢力を持っていた。義朝は南関東に大きな勢力を有しており、兄弟ながらそれぞれの勢力圏の豪族たちに担ぎ上げられて戦争が始まった。たまたま義朝は上京しており、替わって義平が義賢と戦ったのである。

義賢は戦争が巧みな者として有名だったのであるが、数え十五歳の義平はこれを打ち破って殺してしまった。それ以来、義平は異常に戦争が得意という評判となり、「悪源太」と呼ばれるようになったのである。ここでも「悪」は褒め言葉である。さもなければ父義朝が「助けてくれー」と息子に助けを求めるのに「悪者の源太あー」などと呼ぶわけがない。また義平も「悪」をよいこととして自慢にしているからこそ「鎌倉悪源太」と名のったのである。むろん、「悪」は現代と同様の「悪い」という意味でも使われていた。

他にも平清盛の家来に悪七兵衛景清という武士がいたし、頼朝の弟の一人全成は悪禅師と呼ばれた。地方では常陸国の下妻弘幹は悪権守と呼ばれ恐れられたことが知られている。

性信坐像　群馬県邑楽郡板倉町宝福寺蔵，14世紀初頭．寄木造，等身大より少し大きい．本像は，「その人となり豪傑」（「報恩寺開基性信上人伝記」）とされ，「容貌魁偉」（報恩寺の口伝）と恐れられ，一方では知的な上品さも示す性信の風貌をよく表わしている．いわば人智を超えた「悪」の表情である．

異様に学問ができるとか戦争が得意であるということは、人知の及ぶところではない。そのようにしたいと思ってもできるものではない。必ずや人間世界の外に大きな力があり、その力が善く働けば賛美され、悪く働けば非難される。当時はそのような考え方があったのである（網野善彦『蒙古襲来』大系日本の歴史一〇、小学館、一九七六年）。人は自分では自分のことを決められない、救えない。このような考えが日本社会に存在していたのである。人々はそれを知っていた。だからこそ、悪人正機の考え方が社会に受け入れられた（拙稿「『歎異抄』の悪人正機説をめぐって」『史境』第五一号、二〇〇五年）ということではないだろうか。

歎異抄第四章

慈悲に聖道・浄土のかはりめあり。聖道の慈悲といふは、ものをあはれみ、かなしみ、はぐゝむなり。しかれども、おもふがごとくたすけとること、きはめてありがたし。浄土の慈悲といふは、念仏していそぎ仏になりて、大慈大悲心をもておもふがごとく衆生を利益するをいふべきなり。今生にいかにいとをし、不便とおもふとも、存知のごとくたすけがたければ、この慈悲始終なし。しかれば念仏まふすのみぞ、すえとをりたる大慈悲心にてさふらふべきと云々。

【現代語訳】聖道門―自力の修行によってこの世でさとりを開こうとする―と、浄土門―阿弥陀仏の本願力によってその浄土に往生してさとりをひらくとする―とでは、慈悲についての考え方が異なっています。聖道門の慈悲というのは、自分で人をいとしく思い、かわいく思い、養育することです。けれども、自分の思うとおりに助けてあげることは、とてもむずかしいことです。浄土門の慈悲というのは、私が念仏を称えて早く仏になり、大きな恵みの心・悲しみをともにする心によって、思いのままに人々を救ってあげることをいうのです。今の世でどのようにかわいそうだ、気の毒だと思っても、思いどおりに助けるのは難しいので、聖道門の慈悲は徹底した救いを与えられません。そういうことなので、念仏を称えることだけが最後まで徹底した救いが与えられる大慈悲心なのです、と親鸞はいわれたのです。

【考察】

聖道門の慈悲と浄土門の慈悲　親鸞は三十五歳の時に越後に流され、四十二歳の時に関東の常陸国に移住した。念仏布教のためと推定される。『親鸞伝絵』に親鸞が常陸国笠間郡稲田郷に住み、

仏法弘通(ぐつう)の本懐こゝに成就し、衆生利益の宿念たちまちに満足す。

「仏教を広めたいという本来の目的が成し遂げられ、人々を救いたいというずっと前から抱いていた願いがすぐに達せられました」とある。人々を救いたいという気持は、慈悲の心から出るものであろう。

「仏法」とはこの場合、阿弥陀仏の本願にもとづく信心の念仏のことである。布教の現場で必ず問題になるのが現世利益についてである。念仏で病気は治るのか？　念仏で安産となるのか？　念仏で飢餓が救えるのか？　念仏で畑一面の虫が追い払えるのか？　念仏で大雨・旱(ひで)りが止められるのか？

確かに、親鸞以前にはこれらを解決できるとした教えが多かった。呪術である。日本全国で大きな影響力を持っていた修験道(しゅげんどう)などもそうであった。法然以来、旧来の仏教諸派を聖道門(しょうどうもん)と呼んでいる。聖道門でも人々を救うことを大きな目標にしている。その根底にあるのは慈悲の心である。専修念仏は、これも法然以来浄土門と呼んできた。人々を救おうという気持は、同じく慈悲の心に基づく。聖道門と浄土門と、それぞれの根底にある慈悲は同じなのか、異なるのか。それに対する答えが歎異抄第四章である。

聖道門の慈悲は「始終なし」で、浄土門の慈悲は「すえとおりたる大慈悲心」であるという。聖道門の自力の慈悲では、思うように救いきることは非常に難しい。浄土門の慈悲は最終的にすべてを救えるという。しかし浄土門布教の決意で越後から常陸国に移住する途中、親鸞はこれら二つの慈悲のはざまで苦悩することになった。

上野国佐貫にて浄土三部経千回読誦の試み　親鸞は恵信尼と娘の小黒女房七、八歳と息子の信蓮房四歳を伴って越後国から信濃国を経て上野国に入った。そして上野国東南端の佐貫庄（さぬきのしょう）まで来た時に事件は起こった。恵信尼書状第五通はそれを次のように伝えている。

げにげにしく三ぶきゃうをせんぶよみてすざうりやくのためにとて、よみはじめてありしを、これはなにごとぞ、じゝんけう人しん、なんちうてんきやうなむとて、身づから信、人をおしへて信ぜしむる事、まことの仏おんにむくゐたてまつるものと信じながら、みやうがうのほかにはなにごとのふそくにて、かならずきやうをよまんとするやと思かへして、よまざりしこと、

「心を込めて浄土三部経を千回読んで人々を助けてあげようと、読み始めました。ところが、これはいったいどうしたことだ、いま私は間違った行ないをしているのではないか。私は善導大師が「阿弥陀仏の本願を自ら信じ、人をして信じさせるのは、とても難しいことだ。でもそれを実行するのがほんとうに阿弥陀仏のご恩に報いることになる」と仰せられたことを信じていたはずです。それなのに私は、南無阿弥陀仏の他にいったい何が足りないとして経典を絶対に読まなければ、と思っているのだろうか。これは自力の行ないで、いけないことだと思い直して読むことを止めました」。

浄土三部経というのは、『無量寿経』『観無量寿経』『阿弥陀経』という阿弥陀仏を讃え

る三種類の経典のことである。これ全体を千回読む行を千部経読誦（どくじゅ）ともいい、衆生利益のためにとても効果があるとされていた。

佐貫庄は、現在の群馬県邑楽（おうら）郡板倉町・明和町付近である。利根川の北岸地域である。南岸地域は埼玉県（武蔵国）である。今でこそ、この付近の利根川の両岸には巨大な城壁のような堤が設けられている。洪水の被害を防ぐためである。板倉町側からこの高い堤に登って後ろを振り返ってみると、いまは田畑があり人家の点在が目に入るとはいうものの、はてしなく続く氾濫（はんらん）原（げん）に圧倒される。

また歴史地理学の研究成果によると、利根川は板倉町あたりから南岸の埼玉県側に向かい丁字型に、広い川が分流していたという。大雨が降ればその氾濫はすさまじいものがあったであろう。川の流れはよく変わり、国境もはっきりしなくなった。恵信尼書状に、親鸞が浄土三部経を読み始めたのは「むさしのくに（武蔵国）やらん、かんつけのくに（上野国）やらん、さぬきと申ところ」とあるような、氾濫の多い地域だったのである。

現代の板倉町や明和町は、お米の産地である。全国有数の生産高を誇るキュウリやナスも知られている。いずれも水がたくさん必要な野菜である。住民の方々はかつて大きな被害をもたらした環境を生活の原動力に変えたのである。

千部経読誦の実際　ところで、浄土三部経を一回読誦するには五時間近くかかるという。食事・トイレ・睡眠等も必要であるから、一日に多くても四回であろう。「げにげにしく」と心を込めて真剣に読めば、なおさら休憩時間が必要である。一日四回なら千回読誦は二百五十日必要である。八か月あまりである。その間、恵信尼以下の妻子三人はほったらかしである。妻子の食事代・宿泊場所等の確保ができなければ、親鸞が千部経読誦を敢行するはずがない。すると越後国から常陸国へ向かう親鸞一家はよほど経済的に豊かであったか、または迎えに来た宇都宮頼綱の使者が八か月あまりの滞在を経済的にも保障したか、どちらかである。恵信尼書状を見るかぎり、恵信尼が経済的不安を感じていた様子はない。

悪いとは分かっていても親鸞に自力の千部経読誦を行なわせようとした理由は何であろうか。真冬や真夏は二人の幼児連れでの関東行きは困難であろうから、現在の四月・五月あたりならば田植えができなくなる日照り、六月ころならば大雨と氾濫、それに伴う疫病の流行などであろうか。「すざうりやく（衆生利益）」の言葉からは、親鸞が多くの人たちを救いたいとしたことが感じられる。

親鸞は、四、五日後に千部経読誦を中止して常陸国に向かった。ここで残った問題は、おそらく親鸞に多大の期待を寄せた佐貫庄の人たちに、親鸞はどのように言い訳したのであろうかということである。あるいは、言い訳をしなかったのであろうか。浄土門の慈悲について説明したのか、しなかったのか。恵信尼書状は、そのことについては何も語るところがない。

常陸国稲田？にて無量寿経（大経）読誦の試み　ところがそれから十七、八年後、親鸞は同じような体験をした。浄土門の慈悲から聖道門の慈悲に戻ってしまうという体験である。親鸞五十九歳の寛喜三年（一二三一）、京都へ帰る直前のことである。今度の舞台はおそらく稲田草庵である。この時親鸞は風邪で高熱が出て横になっていた。恵信尼書状第五通に次のようにある。文中、「大経」とは『無量寿経』のことである。

ふして二日と申日より、大経をよむ事ひまもなし。たまたま目をふさげば、きやうのもんじの一時（「一字」の誤りか）ものこらず、きらゝかにつぶさにみゆる也。さてこれこそ心へぬ事なれ。念仏の信じんよりほかには、なにごとか心にかゝるべきと思て、よくよくあんじてみれば、

「横になって二日目という日から、『無量寿経』を絶え間なく読んでいました。ふと目を閉じると『無量寿経』の文字が、一文字も残らず、きらきらとはっきり見えるのです。こ

れはこれは。これは納得がいかないことだ。阿弥陀仏の本願を信じて念仏を称えること以外は、何も心にかけてはいけないはずなのに、なぜだろうと思ってじっくりと考えてみましたところ」という内容である。

むろん親鸞が『無量寿経』を読むことはあったろう。しかし今回の「大経をよむ事ひまもなし」は明らかに聖道門の慈悲にもとづくものである。世の中では前年の寛喜二年から後世に寛喜の大飢饉と呼ばれた飢饉が続いていた。餓死・病死する者も多かった。『吾妻鏡』同年七月十六日条には、

霜降る。殆と冬天の如し。(原漢文)

「霜が降りました。まったく冬の天候のようです」とあり、同書八月六日条には、「晩に及びて洪水。河辺の民居流失し、人多く溺死す。古老の者云う、未だ此の例を見ずと云々(夜には洪水になりました。川の周辺の民家は流され、多くの人々が溺死しました。古老は、こんな惨状は見たことがないと言っています)」とある。藤原定家の日記『明月記』によると、さらに同月八日条に、「甚雨大風。夜半に及びて休止す。草木の葉枯る。偏へに冬気の如く、稼穀皆損亡す(大風雨でした。夜中に止みました。草や木の葉が枯れました。まったく冬のようで、植え付けた穀物が皆ダメになりました)」とある(原漢文)。その年の十一月から

十二月の真冬に、京都では桜が咲き麦が穂を出し、セミやコオロギが鳴いたと伝えている。そして異常気象の翌年には、大飢饉が来た。『吾妻鏡』寛喜三年（一二三一）三月十九日条に、次のように記されている。

今年、世上は飢饉なり。百姓多く以て餓死せんとす。

「今年、世の中は飢饉です。多くの人たちが餓死しようとしている状態です」。「百姓」というのは農民ではなく、「さまざまな姓を持った無数の人々」という意味である。

四月十一日には幕府で天変地異の被害を鎮める祈禱が始まった。それは不動明王法・降三世法・軍荼利法・大威徳法・金剛夜叉法・一字金輪法という密教の修法であった。また同月十九日には大風雨や水害、また日照りの災難を防ぐため最勝王経を読誦させるという後堀河天皇の宣旨が幕府に到着している。この間の四月十四日、親鸞は風邪の高熱で床につき、翌日から三日間、『無量寿経』を読誦したのである。

前掲の恵信尼書状によれば、親鸞は「大経をよむ事ひまもなし」とあるが、高熱で寝込んでいる時なので、実際に経典を見ていたのではない。夢うつつであったということである。親鸞は、その夢うつつの中で、「そうだ同じようなことが十七、八年前にもあった、あの時自力への執着心は捨てたはずだったのに、でもまだ残っていた。これはよくよく考えなければいけないことだと思って読誦をやめました」という。

ひとのしうしん、じりきのしんはよくよくしりょあるべしとおもひなしてのちは、きやうよむことはとゞまりぬ。

「じりきのしん」が聖道門の慈悲の心であり、「しうしん」はそれに対する執着心のことである。

結局のところ、関東十八年間の生活の中でも、親鸞は聖道門の慈悲を完全に捨てきることはできなかった。ふだんは浄土門の慈悲に生きていたはずである。しかし、その慈悲で人々を救い切ることができるかと不安にかられ、揺らいだほど大変な社会情勢であったということであろうか。その揺らぎは、親鸞のその後の人生ではもうなかったであろうか。

歎異抄第五章

親鸞は父母の孝養のためとて、一返にても念仏まふしたることいまださふらはず。そのゆへは、一切の有情はみなもて世々生々の父母兄弟なり。いづれもく\この順次生に仏になりてたすけさふらうべきなり。わがちからにてはげむ善にてもさふらはゞこそ、念仏を廻向して父母をもたすけさふらはめ。たゞ自力をすてゝいそぎさとりをひらきなば、六道四生のあひだいづれの業苦にしづめりとも、神通方便をもてまづ有縁を度すべきなりと云々。

【現代語訳】私親鸞は父母が極楽往生をしてくれるようにとの目的で、いままで念仏を一回でも称えたことはまったくありません。その理由は、すべての命あるものはいままで私が生まれ変わり死に変わりしてきた世界での父母であり、兄弟であるからです。そのすべての父母と兄弟を私は次の世で仏になって救いたいです。私の自力で努力しての善行が効果があるなら、念仏を称え、その功徳で父母だって往生させることができるでしょう。ひたすら自力を捨てて準備しさとりを得ることができましたら、私に縁のある人たちが地獄などの六種類の苦しみの世界に堕ちていたり、動物や昆虫などの四種類の生き物に生まれ変わって苦しんでいたりしたら、不可思議な力や何か便宜上の手段をもって何はともあれその縁のある人を救いたいです。

【考察】

比叡山での修行　親鸞は博士家の出身であるし、勉学の習慣はしっかりと身についていたと推定される。先輩に指導を受けながら修行に勉学に毎日を過ごしたものと思われる。比叡山延暦寺を開いた最澄の「山家学生式」によると、いったん比叡山に登ったならば三十年山を下りずに修行することになっていた。親鸞は三十年ではなく、二十九歳までの二十年であったが、それにしても長い年月を修行に明け暮れた。

しかし十代の少年期から二十代の青年期と、いくら修行してもさとりあるいは心の平安は得られなかったようである。その上、延暦寺内での重要な職も得られなかった。俗世間で破滅した家の子には、ほとんど誰も振り向かなかったということであろう。そして親鸞が得たのは堂僧という職にしか過ぎなかった。恵信尼書状第三通に次のように記されている。文中、「殿」とは夫のこと、つまりは恵信尼の夫の親鸞のことである。

殿ゝ比叡の山に堂僧つとめておはしましけるが、

「親鸞は比叡山延暦寺で堂僧という職を務めておられましたが」、ということである。寺院ではどこでも僧侶は二種類に分かれている。修行することのできる僧と、それができない僧である。前者は貴族や身分の高い武士の出身で、後者は農民や各地の荘園から連れてこられて前者の日常の世話をする人たちである。親鸞は前者であるけれども、彼が得た堂僧という職は前者の最低に近い立場の職であったと推定されている。仕事の内容は阿弥陀堂や法華堂に勤務することである。

聖徳太子立像　茨城県大子町法龍寺蔵.
江戸時代初期.
本像は，目がきりっとつり上がり，清々しい少年の風貌を示している．髪の毛を耳の上で結んで垂らすのは古様である．親鸞は和国の教主と崇め，他方，太子に家庭生活の手本を求めたようである．

親鸞の親兄弟を思う心　親鸞の比叡山二十年の修行や生活について、恵信尼書状が示す右の一行以外のことはまったく不明である。ただ父母を想い、兄弟を懐かしみ、それが心の大きな部分を占めていたであろうことを、私は後に七十六歳の親鸞が作った『高僧和讃』という和讃から推測している。

『高僧和讃』はインドの竜樹から法然に至る七人の僧について、彼らを讃える和讃で構成されている。七人の僧は、「真宗の七高僧」と呼ばれている人たちである。その最初の「竜樹菩薩」の項の全十首のうち、最後の第九首と第十首は次のような和讃である。

一切菩薩ののたまはく
われら因地にありしとき
無量劫をへめぐりて
万善諸行を修せしかど
恩愛はなはだたちがたく
生死はなはだつきがたし
念仏三昧行じてぞ
罪障を滅し度脱せし

「すべての菩薩たちが言われることには、私は修行していた時、数えきれないほど多く生まれ変わり死に変わりして、それぞれの世界でさとりのためには善いといわれる無数の修行をしましたけれども」「捨てなければいけない親兄弟への愛着は断ち切ることができず、その結果、迷いの世界を転々とすることはいつまでも続きました。しかし念仏のみを称え続ける道に入って、自分が作った罪を消してさとりを開くことができました」。

「菩薩」はさとりを目ざして修行している人で、さとった人が仏あるいは如来である。前掲の和讃は、仏が菩薩の時代に戻って「われら（「私」という単数）」として「のたま」

わって（述べて）いるのである。ここには仏教の独特の時間観念がある。

さとりを得るためには、この世のすべてのことへの執着心から離れられなければならない。ところが、菩薩たち皆がさとりを得られなかった理由は、物やお金に対する執着心でなければ、権力欲などでもなかった。そのようなものは捨てられた。最後の最後、捨てられなかったのは親兄弟に対する愛着だったのである。

親鸞は九歳でいきなり出家させられ、親兄弟から引き離され、おそらくその後二十年間一度も会えなかったのである。その悲しみがこの和讃に示されているように思う。『高僧和讃』は親鸞が最初に作った和讃である。その和讃の注目すべき最初の「竜樹菩薩」和讃十首の最後二首を一つの話として、さとりを得られないのは親兄弟への愛着が原因だったと述べていることの意味は大きいのではないだろうか。

では父と母はどのような存在なのか。親鸞八十八歳の時の作と推定されている『皇太子聖徳奉讃』全十一首の第二首目に、次のような和讃がある。『皇太子聖徳奉讃』は聖徳太子を讃える和讃で、親鸞八十三歳の時にも同じ名称の和讃を作っている。

救世（ぐぜ）観音大菩薩

聖徳皇と示現して

多々(たた)のごとくすてずして
阿摩(あま)のごとくにそひたまふ

「救世観音菩薩は聖徳太子の姿を取って現われ、お父さんのように子どもを捨てないで、お母さんのようにそっと寄り添ってくださいます」。父と母から引き離されて数十年後、親鸞はこのような父と母への思いを漏らしている。この和讃が自分の父母への思いを表明したものという証拠はないけれど、心にもないことを和讃に述べたとは考えられない。数十年経ってもなお、親鸞の父母への慕情は消えないでいた。

人類愛への昇華　そして前掲の「親鸞は、父母の孝養のためとて、一返にても念仏まうしたること、いまださふらはず」の文がある。前述したように、この文は今の世の父母だけではなく、すべての世の父母を救いたい、つまりはすべての人々を救いたいという気持の表明である。確かに親鸞が信奉する阿弥陀仏の救いはその慈悲によってすべての人々を救おうということである。親鸞は本心からそのように願っている。まさに出家以後の父母から切り離されたさびしさ・悲しさを、親鸞は人類愛へと昇華させたのである。

歎異抄第六章

専修念仏のともがらの、我弟子、人の弟子といふ相論のさふらうらんこと、もてのほかの子細なり。親鸞は弟子一人ももたずさふらう。そのゆへは、わがはからひにてひとに念仏をまふさせさふらはゞこそ、弟子にてもさふらはめ。弥陀の御もよほしにあづかて念仏まふしさふらうひとを、わが弟子とまふすこと、きはめたる荒涼のことなり。つくべき縁あればともなひ、はなるべき縁あればはなるゝことのあるをも、師をそむきて、ひとにつれて念仏すれば往生すべからざるものなりなんといふこと、不可説なり。如来よりたまはりたる信心をわがものがほにとりかへさんとまふすにや、かへすぐ〳〵もあるべからざることなり。自然のことはりにあひかなはゞ、仏恩をもしり、また師の恩をもしるべきなりと云々。

【現代語訳】専修念仏を称えて師匠ともされる人たちが、「彼は私の門弟だ、あの人の門弟ではない」という言い争いがあるらしいということは、まったく困ったことです。私親鸞は門弟一人も持ってはおりません。その理由は次のとおりです。私がうまく取り計らって他の人に念仏を称えさせることができれば、それは私の門弟ということもいえるでしょう。でも阿弥陀仏のお勧めをいただいて念仏を称える人を私の門弟ということは、とんでもないことです。私と一緒になる縁があるのでしたら指導しますし、離れるようになっている縁でしたら私から離れていくこともあるでしょう。それなのに、「師匠である私を裏切って他人のもとで念仏を称えれば、極楽往生できないと思うよ」と言っているのは、まったく理解できません。阿弥陀仏からいただいた信心を、自分の所有物であるかのように取り返そうというのでしょうか、まったくもってあってはならないことです。ものごとの正しい筋道にかなっていれば、阿弥陀仏の恩についても分かるでしょうし、また師匠の恩もわかるでしょう、と親鸞は言われました。

【考察】

門弟たち　「親鸞は弟子一人ももたずさふらう」という文は、歎異抄のなかでも有名な文の一つである。親鸞は、世の中に事実上の師匠と弟子が存在するのを否定しているのではない。自力が否定されるべき専修念仏において、「私が導いてあげた」と主張するのは自力であるし、「私から他の人に移れば往生できない」などと主張するのも、これまた自力の行ないであるというのである。

一方、弟子からは経済的な見返りが来ることが多い。その意味で弟子は自分の財産と言える。弟子が他人に取られてしまったら、財産が減ることになる。そのような問題もあって弟子を牽制し、他の人の教学的な話を聞きに行くことを抑えたりすることも多かったようである。にもかかわらず、自分では他人の弟子に働きかけることもあったであろう。自分の所に来るようにと勧めるのである。

以上のようなことはよしなさい、と親鸞は門徒たちを指導している。

師匠たちの癒し　ところで、師匠と呼ばれる人たちは、それなりに競争心があるものである。また、弟子が他の師匠に移ってしまうとかなりの衝撃を受けるものでもある。それはあるべきではないと思っても、衝撃を受ける。人間の感情は理論的には動かない。この歎異抄第六章は、「弟子を取り合うな」という誡(いまし)めよりも、「よくあることだ」とし、その現実の心の傷を癒す効果も持っているようにみえる。きっと多くの師匠が「彼にはあんなに世話してあげたのに、私のもとから去って行った。悔しい。でも、そうだった、親鸞様の仰るとおりだ、あきらめよう」とこの第六章を読んで思ったことであろう。

歎異抄第七章

念仏者は无㝵の一道なり。そのいはれいかんとならば、信心の行者には天神地祇も敬伏し、魔界外道も障㝵することなし、罪悪も業報を感ずることあたはず、諸善もおよぶことなきゆへなりと云々。

【現代語訳】念仏は、何物にもさえぎられることのない、さとりに至る唯一の道です。どうしてそのようなことが言えるのかといえば、信心をもって念仏を称える人には天地の神々も心から敬い、悪魔も他の宗教を信じる者も邪魔することはありませんし、行なってきた罪悪も影響を与えることはできませんし、積んできたさまざまな善行も念仏の効果にはかないませんので、と親鸞は言われました。

【考察】

仏教の神々　親鸞は越後から関東でいろいろな信仰に接したことであろう。仏教で言えば正統派的な法華経信仰・観音信仰・阿弥陀信仰など、また各地の伝統的な山岳や星に関する信仰、神話から引き続く神々の信仰、修験道と呼ばれる仏教と神道とが結びついた信仰。

各地域の名もない神々を祀る信仰。本願の信心をもとにする親鸞の他力の念仏からいえば、それらはすべてが自力の信仰であって、否定されるべきものであった。ただ、それぞれの地域での信仰の場面では、日常の生活と密接に結びついているものであった。架空の空間を作って、その中で武士や農民たちが信仰活動を行なっていたのではない。

歎異抄第七章には、阿弥陀仏以外の存在として、「天神地祇」「魔界」「外道（げどう）」が示されている。では「天神地祇」とは何か。『浄土和讃』「現世利益和讃」第十一首に、

天神地祇はことごとく
善鬼神となづけたり
これらの善神みなともに
念仏のひとをまもるなり

「さまざまな天神地祇はすべて善鬼神と呼ばれています。これらの善い神々は皆、一緒になって念仏者を守っているのです」という和讃があり、「天神地祇」が出てくる。「鬼神」とは超人的な威力を持った存在のことである。

「現世利益和讃」では、第十一首の前数首の和讃であらかじめ「天神地祇」の内容を示すように、第五首に「梵王（ぼんのう）・帝釈（たいしゃく）（梵天・帝釈天）」、第六首に「四大天王」、第七首に

「堅牢地祇」、第八首に「難陀・跋難大竜等、無量の竜神」、第九首に「炎魔法王」、第十首に「他化天の大魔王」を登場させ、それらを総合する形で前掲第十一首に「天神地祇」という言葉を登場させている。

「堅牢地祇」とは、親鸞自身が「このちにあるかみ　ちよりしたなるかみをけんらうちぎといふ」という注を「現世利益和讃」第七首につけている。それは、

南無阿弥陀仏をとなふれば
堅牢地祇は尊敬す
かげとかたちとのごとくにて
よるひるつねにまもるなり

「南無阿弥陀仏という名号を称えれば、堅牢地祇は尊び敬ってくれ、影が形に添うように、夜も昼も守ってくれます」という和讃である。「堅牢地祇」とは堅牢という名の大地の神々で、念仏者を尊敬して常に守ってくれるというのである。本来、「堅牢地祇」は『金光明経』に出る用語である。すなわち、日本の風土に由来する神ではない。

「魔界」とは『西方指南抄』に、

魔界といふものは衆生をたぶろかすものなり。

「魔界というのは、人々を惑わすものです」とある。また「外道」というのは、仏教以外の宗教を信奉し、仏教徒の邪魔(じゃま)をする者たちとされている。日本では六世紀後半に仏教が公認されてから、「外道」が国内の具体的に何であるかが意識されたことは、まず、ない。

以上のように、「天神地祇」に示される神々や「魔界」「外道」はすべて仏教に由来して説明でき、解釈できる。しかし親鸞がそれらの説明・解釈のみで布教をしても、相手は当惑するばかりであろう。生活に根差さない、中国あるいはインド由来の概念を持ち出されても理解できるはずがない。

神祇信仰　戦国時代後期にヨーロッパからキリスト教が伝えられたとき、宣教師たちはキリスト教の唯一の神と、日本の無数の神々との「神」の概念の相違に気づいた。そこでキリスト教の神（デウス）を日本語に翻訳するとき、「大日如来」「大日」を使用したのである。日本人になじみの深い用語を使い、理解を深めさせる方策を取った。

親鸞はさとっていない存在に言及するとき、なぜ「天神地祇」という用語を使ったのであろうか。それは貴族等の知識人にとってなじみ深く、あるいは武士農民たちも知っている可能性がある用語だったからである。すなわち、本来、「天神」とは日本神話で語られる「天神（あまつかみ）」のことで、天孫が降臨してきた天上で祀られていた神々のことである。「地祇」とは「地祇（くにつかみ、国つ神）」のことで、もともとこの地上で祀られていた神々のことである。したがって、例えば天照大神は天神、鹿島神宮に祀られている鹿島大神は地祇ということになる。

さらに天神は空中の神、地祇は地面の下にいる神という風にも考えられるようになった。現代でも各地で行われる地鎮祭とは、建物を建てる所の土地の地主の神に挨拶し、驚いて騒がないように鎮まっていて下さいと挨拶する儀式である。地主の神々は地面の下に住んでいるのである。

また現代では、日本中どこの神社でも、祭神は空の上にいて、必要があれば降りてきてくれるとされている。そのときには拝殿の前でドラを鳴らし、時には太鼓を叩いて参拝の人が来たことを知ってもらうのである。

親鸞は前掲『浄土和讃』で仏教的な意味での神々等をあげ、最後に一般の人々が理解しやすい「天神地祇」の言葉でまとめた。「従来からの神祇信仰の知識の中で把握していいですよ」と人々に伝えたのである。専修念仏を受け入れられ易いようにとの方策である。

では親鸞と日本在来の神祇信仰との関係はどのような状態であったか。直接には、神社

稲田神社の大鳥居　茨城県笠間市稲田.
親鸞が長く住んだ稲田草庵は，稲田神社の境内にあった．親鸞が神祇不拝であったという見方は考え直すべきであろう．

との関係はどうであったか。

親鸞は海路、越後国に上陸したとき、真っ先に参詣した地元の宗教施設は寺院ではなかった。それは神社であった。名は居多(こた)神社である。地域の有力者に会って保護を頼んだようにみえる。また常陸国稲田郷に住んだとき、その稲田草庵は地形から判断してまさに稲田神社の境内または門前であった。稲田神社は『延喜式』「神名帳」の名神大社(みょうじんたいしゃ)に挙げられている大神社であった。

平安時代、朝廷では全国の有力神社を調査し、しっかりと配下に置こうとした。その際、特に有力な神社をまず上から三段階に分けて提示した。大社・中社・小社である。有力な神社である大社の中でも、群を抜いて大勢力である神社を名神大社とした。その名神大社は、諸国では二、三社からせいぜい四、五社しかないのに、常陸国だけ飛びぬけて七社が指定されていた。その中の一つが稲田神社であった。女性の櫛稲田姫（くしなだひめ）を祭神にしているので稲田姫神社とも称した。

神社の構成員の大多数は神官ではなく、僧であった。当然ながら所蔵の仏教書も多かった。親鸞が五十二歳のときに『教行信証』を執筆したことに関し、その参考文献は同じ常陸国にある鹿島神宮であろうと言われてきた。しかし稲田草庵から鹿島神宮までは直線距離で六十キロある。通うだけで片道二日、往復で四日はかかる。気安く参考文献を漁れる距離ではない。私は、同じく名神大社で、すぐ傍にある稲田神社の仏教書を一番の参考にしたであろうと判断している。以下、親鸞と関係が深そうな神社を箇条書き風にまとめれば次のようになる。

①　越後国…居多神社（越後上陸後、最初に参詣したと伝えられる神社）

②　下野国…大神（おおみわ）神社（『親鸞伝絵』（専修寺本系統）に描かれている。下野国の国府にある、もっとも格の高い神社。地元には親鸞がしばらくこの神社に滞在したとの伝がある）

③　常陸国…千勝（ちかつ）神社（親鸞とともに常陸国に入った恵信尼が、下妻の幸井郷で親鸞が観音菩薩の生まれ変わりであるという夢を見た時、この神社またはその近くに滞在していた）

④　同　　稲田神社（前述）

⑤　同　　筑波山神社（名神大社。親鸞に関するさまざまな伝承が残る）
⑥　同　　阿波山上神社（親鸞の大山草庵はそのすぐそばにあった、と地元で伝える）
⑦　同　　鹿島神宮（親鸞が参考文献を読みに来た伝承を持つ）
⑧　下野国…三宮神社（高田で親鸞を導いた明星天子と同体の虚空蔵菩薩が神体）
⑨　相模国…箱根神社（親鸞は帰京の途中で歓待された。『親鸞伝絵』）
親鸞は神祇信仰を嫌う様子を見せてはいない。他の信仰等も同様であったようにみえる。本願の念仏への信心を定めるのがよいのであるけれども、それぞれの地域の信仰と重なる形であっても、それを頭から否定していたようにはみえない。念仏を広めるのにはどのようにすればよいのか、十分に分かっていたようである。

歎異抄第八章

念仏は行者のために非行非善なり。わがはからひにて行ずるにあらざれば、非行といふ。わがはからひにてつくる善にもあらざれば、非善といふ。ひとへに他力にして自力をはなれたるゆへに、行者のためには非行非善なりと云々。

【現代語訳】念仏というのは、信心の行者にとっては修行でもなければ善を積むことでもありません。自分がさばいてする行ではありませんので、非行といいます。また自分がさばいて積む善でもありませんので、非善といいます。念仏は専ら阿弥陀仏が称えさせて下さっているのですから、自分の計らいを離れています。そこで非行非善なのですと言われました。

【考察】

非行非善とは何か　親鸞は布教の場で次のような質問に出会ったことであろう。

「いままで、念仏は極楽往生のための修行の一つだと教わってきました。念仏を称えることは、往生のための善行を積むことだとも教わりました。念仏の一回一回で、いままでつい重ねてきた悪行の罪が消えるのだそうです。その罪が残っていたら往生できません。でもあなた（親鸞）が勧める念仏は修行ではないそうですね。善を積むための行ないでもないそうですね。そんな念仏で極楽往生できるのですか」。

これに対して親鸞は、「私たちの積んだ罪はとても大きいので、自分の力ではどうにもなりません。消せません。極楽往生できません。でも阿弥陀仏の慈悲の力はとても大きく、どんな罪を背負った人でも救ってくれます。それが阿弥陀仏のほんとうの願い、本願です。

それを信じて念仏を称えましょう。その念仏自体、往生のために何もできない私たちをあわれんで阿弥陀仏が称えさせて下さっているので、自分の力で称える行ないでなければ（非行）、自分の力で積んでいる善でもありません（非善）」と答えたと推定される。

非行非善の根拠　『教行信証』信巻に、

おほよそ大信海を案ずれば（中略）行に非ず、善に非ず。

「だいたい、海のように広大な慈悲の心を持つ他力の信心について考えてみると、これは自力での行でもなければ自力で積む善でもありません」とある。また年月日未詳の親鸞書状に、

宝号経にのたまはく、弥陀の本願は行にあらず、善にあらず、たゞ仏名をたもつなり。

「『宝号経』に、阿弥陀仏の本願というのは行でもなければ善でもなく、ただ念仏を称えるということだけです」とある。親鸞はこの文章を『弥陀経義集』という書物から引用した。『弥陀経義集』の著者は未詳、全体の内容も明らかではないが、

また宝号経に、行に非ず善に非ず。但仏名を持つが故に。不退の位に生ず。

という文があったという。「不退の位に生ず」とは、「必ず極楽浄土に往生する立場になれる」という意味である。いったんその立場になれたら、戻ること（退く）はないので「不

退」というのだという。『弥陀経義集』は、高田の慶信の親鸞宛て年未詳十月十日書状にも出ている。慶信も親鸞の指導によって読んだのであろう。慶信は、

『弥陀経義集』におろ〳〵あきらかにおぼえられ候ふ。

「『弥陀経義集』を読んで、少しずつはっきりしてきました」と親鸞に感謝している。『宝号経』という経典も、その内容は不明である。親鸞は、阿弥陀仏の本願による念仏を称えることは、従来の仏教でいうところの修行でもなければ善根を積む行ないでもないとした。それを『弥陀経義集』に引用されている『宝号経』を根拠にして説明したのである。当時の人々は、根拠にすべき古典（経典やその解説書、「経」「論」「疏」など）がなければ説得力がないと考えていた。

歎異抄第九章

念仏まふしさふらへども、踊躍（ゆやく）歓喜のこゝろおろそかにさふらふこと、またいそぎ浄土へまひりたきこゝろのさふらはぬはいかにとさふらふべきことにてさふらうやらん、とまふしいれてさふらひしかば、親鸞（鸞）もこの不審ありつるに、唯円房、おなじ

こゝろにてありけり。よく〳〵案じみれば、天におどり、地におどるほどによろこぶべきことを、よろこばぬにて、いよいよ往生は一定おもひたまふなり。よろこぶべきこゝろをおさへてよろこばざるは、煩悩の所為なり。しかるに、仏かねてしろしめして、煩悩具足の凡夫とおほせられたることなれば、他力の悲願はかくのごとし。われらがためなりけりとしられて、いよいよたのもしくおぼゆるなり。また浄土へいそぎまひりたきこゝろのなくて、いさゝか所労のこともあれば、死なんずるやらんとこゝろぼそくおぼゆることも煩悩の所為なり。久遠劫よりいまゝで流転せる苦悩の旧里はすてがたく、いまだむまれざる安養浄土はこひしからずさふらふこと、まことによく〳〵煩悩の興盛にさふらふにこそ。なごりおしくおもへども、娑婆の縁つきてちからなくしておはるときに、かの土へはまひるべきなり。いそぎまひりたきこゝろなきものを、ことにあはれみたまふなり。これにつけてこそ、いよ〳〵大悲大願はたのもしく、往生は決定と存じさふらへ。踊躍歓喜のこゝろもあり、いそぎ浄土へもまひりたくさふらはんには、煩悩のなきやらんとあしくさふらひなましと云々。

【現代語訳】私唯円が「念仏を称えましても、身も心も踊り出すような強く激しい喜びの気持があまり湧(わ)いてきませんし、また急いで極楽浄土へ往生したいという気持も出てこないのは、いったいどうしたことでしょうか」とお尋ねしてみますと、親鸞は「私もこの疑問があったのですが、唯円さん、あなたも同じ気持だったのですね。このことについていろいろと考えを廻らしてみますと、念仏を称えれば天に躍り上がり、地面で踊りはねるほどの喜びが湧いてくるはずなのに、湧いてこないということによって、確かに極楽往生は確実だと思っていただくといいでしょう。喜びが湧く気持を押しとどめて喜ばせないのは、心と体を悩まし惑わす働きをする煩悩（ぼんのう）があるからです。でも、阿弥陀仏はあらかじめそのことをご存じで、「あなたたちは、あらゆる煩悩をすべて備えている、悟りを得られない人たち」と仰っていますので、阿弥陀仏の大きな慈悲の願いは、このような煩悩をすべて備えている私たちのためであるということが理解できて、ますます心強く思われるのです。また、急いで極楽へ往生したいという気持もなく、少し病気にでもなれば、死んでしまうのではないだろうかと心配してしまうことも、煩悩のせいなのです。無限に遠い過去の世から現在の世まで、生まれ変わり死に変わりしてきたこの苦しみの世界は離れるのがつらく、まだ生まれたことのない極楽浄土は恋しくないというのは、ほんとうに煩悩がきわめて強く盛んだからでしょう。名残（なご）りが惜しいのですけれども、この苦悩の世界に住んでいるという因縁がなくなってしまう時に、極楽へ往生するということなのでしょう。阿弥陀仏は、急いで極楽往生したいという気持のない人を、特にいとしく思っておられるのです。以上のようなことですからこそ、大きな慈悲にもとづく阿弥陀仏の本願は心強く思われ、極楽往生は疑いないと思う次第です。身も心も踊り出すような強く激しい喜びの気持もあるし、また急いで極楽往生したいというのでしたら、煩悩がないのだろうかと疑わしく思われることでしょう」と親鸞は言われました。

【考察】

親鸞と唯円の親しさ　歎異抄には二ヵ所、唯円の方から「私は親鸞聖人と親しい」と示している部分がある。それが歎異抄の著者は唯円であろうと推測させる要因となっている。その一つがこの第九章で、唯円が親鸞に対して質問する形から始まっている。親鸞は唯円がずっと不安に思っていたに違いない事がらを優しく指導している。

踊躍歓喜と煩悩　唯円の質問は、「念仏を称えても、身も心も踊り出すような強い喜びが湧いてきません。そんなことはないはずなのに、私は懸命に念仏を称えているのに、なぜなのでしょう」という疑問である。それから、「楽しかるべき極楽へ急いで往生したいという気持も湧いてきません。これもそんなことはないはずなのに、私は極楽往生を切望しているのに、なぜなのでしょう」という疑問と不安である。

唯円の疑問と不安は、『無量寿経』に、次のようにある文を背景にしている。

若し、人、善本なければ、この経を聞くことを得ず。清浄にて戒を有し者は、乃ち正法を聞くことを獲、曾て更世尊を見たてまつりしものは、則ち能く此の事を信じ謙敬して聞きて奉り行ない、踊躍して大いに歓喜す。（原漢文）

親鸞は、『教行信証』化身土巻のなかで、この文のうちの「善本」を「阿弥陀仏の名号」と理解した。

善本とは如来の嘉号なり。

すると前掲『無量寿経』は、次のように解釈することができる。「もし、その人が前世で阿弥陀仏の名を聞き、あるいは称えたことがなければ、いまこの無量寿経の教えを聞くことはできません。体を清く穢れなくして戒を守っている者は、すぐさま正しい教えを聞くことができます。昔に釈迦如来にお目にかかった者は、阿弥陀仏の本願を信じ、へりくだって阿弥陀仏を敬い信じ、聞いてそのとおりに念仏を称え、それが大変うれしく天地に飛び上がって喜びました」。

「踊躍して大いに歓喜す」――『無量寿経』の原文では「踊躍大歓喜」とある境地に、唯円はどうしても入れなかった。

踊り念仏の一遍　（手前の右から二人目）『一遍聖絵』より．清浄光寺歓喜光寺蔵．13世紀末期，国宝．
恍惚の表情を示す門弟たち（時衆）に対し，一遍は真剣な顔をしている．

ところが親鸞は、「私もそうなのだ。唯円君、君もそうだったのか」と唯円を驚かせる。「それは、煩悩というものがあって人がすなおに喜ぶのを妨げている。阿弥陀仏はそれをご存じで、そのような人たちをこそ救おうとされている。うれしくないと感じるからこそ極楽往生は疑いない」と説明した。「煩悩」について親鸞は『唯信鈔文意』の中で次のように述べている。

煩は身をわづらはす、悩はこころをなやます。

「「煩」とは体を苦しませることで、「悩」は心を困らせることです」。煩悩の存在こそ極楽往生できる確証だと親鸞は説いている。

一遍の踊り念仏　なお、法然の曾孫弟子にあたる時宗の開祖一遍は、「踊躍大歓喜」を理論的根拠にして踊り念仏（踊躍念仏）を世に広めた。阿弥陀仏に救われて踊り出すような喜び、うれしさを体で表現したのである。それは一遍の伝記絵巻である『一遍聖絵（ひじりえ）』や『遊行（ゆぎょう）上人縁起絵』に示されている（拙著『時宗成立史の研究』吉川弘文館、一九八一年、同『捨聖一遍』吉川弘文館、一九九九年）。法然から一遍への系譜は次のとおりである。

法然―┬―証空（浄土宗西山派派祖）――聖達――一遍
　　　└―親鸞

歎異抄第十章

念仏には、無義をもて義とす。不可称、不可説、不可思議（ふかしぎ）のゆへにとおほせさふらひき。

【現代語訳】念仏は、「自力で処置すること」がないということを根本の教義にしています。念仏は量ることはできないし、説明することもできないし、常識では理解できないことでもありますから、と親鸞は仰（おつしや）いました。

【考察】

無義の義　本文の「無義」のうちの「義」は、「宜」と同じ意味と解釈されている。行者が自力で処置すること、という意味である。本文の後にある「義」は、動かすことのできない本来の考え方、という意味である。一種の語呂合わせの感もあるが、しかし「無義をもて義とす」とは、印象深い文である。本願の念仏は人間の思考能力をはるかに超えた大きな力を持っている、と親鸞は説いている。それを「不可称、不可説、不可思議」とも表現した。他力である阿弥陀仏がすべてをさせてくださっている、という考えである。

法然からの伝え　一方、建長七年十月三日付の親鸞書状（「笠間の念仏者の疑ひとはれたる事」）に、次の文がある。

如来の御ちかひなれば、「他力には義なきを義とす」と、聖人の仰せごとにてありき。

「（本願は）阿弥陀如来が誓われたことなので、「他力では義のないことを義としています」と法然聖人のお教えでした」。

また年未詳二月二十五日付の親鸞書状にも同様の話があり、同じく法然からの教えとして伝えている。

「弥陀の本願を信じ候ぬるうへには、義なきを義とす」とこそ、大師聖人の仰せにて候へ。

こちらでは、続けて「かやうに義の候らんかぎりは、他力にはあらず、自力なりときこえて候（このように義があるかぎりは、他力ではなく自力であると伝えられました）」と述べられている。

唯円の周辺

歎異抄は第九章で唯円との親しさを示して、やがて第十章の次に唯円自身の思いを強く込めた後序を掲げている。第十一章からは親鸞への慕情を示しつつも、唯円が抱える時代の問題とそれについての唯円の対応など、興味深い内容がかなりの長文で示されている。その長文であることにこそ、きれいごとでは乗り切れない、唯円が置かれた立場を示していて興味深い。そこでまず「唯円の周辺」として後序と唯円の人物像、その住んだ環境、時代背景等を明らかにしていく。

歎異抄後序

そも〳〵かの御在世のむかし、おなじくこゝろざしをしてあゆみを遼遠の洛陽にはげまし、信をひとつにして、心を当来の報土にかけしともがらは、同時に御意趣をうけたまはりしかども、そのひと〴〵にともなひて念仏まふさるゝ老若、そのかずをしらずおはしますなかに、上人のおほせにあらざる異義どもを、近来はおほくおほせられあふてさふらうよし、つたへうけたまはる。いはれなき条々の子細のこと。

【現代語訳】それにしても親鸞が生きておられたころ、同じ目標を立ててはるか遠くの京都に励まし合いながら向かい、同じ信心で次の世の極楽浄土往生を願った仲間たち。私と彼らは親鸞と同じ信心の境地に浸ることができました。でもその彼らに指導されて念仏を称えている年配者や若者たち、それがとても大勢いるなかには、親鸞聖人の言われたこととは違う教義をたくさん説いている者がいると伝え聞いています。道理に合わない、それらのことを以下に詳しく述べます。

【後序の要旨】

① 親鸞が京都で在世のころ、私と仲間は関東から親鸞を訪ね、一緒に正しい信心を学んだ。

② その仲間たちの数多い門弟の中に、親鸞とは異なる教えを説く者が大勢いると聞いている。

③ 親鸞とは異なる教えの内容について詳しく述べる。

唯円の人物像

河和田の唯円

唯円の本拠地河和田（かわわだ）は、常陸国吉田郡の西南端に位置していた。吉田郡は那珂川（なかがわ）の河口近くに至る下流域である（河口付近は鹿島郡であった）。親鸞書状によく出る常陸国奥郡は、那珂川周辺から北の地帯で、同国北部である。平安時代の途中まで、那珂川の下流域は那珂郡の一部であったが、同時代末期、政治的な事情もあって吉田郡として独立した（『茨城県史　中世編』茨城県、一九八六年）。その西南端あたりが河和田である。現在の茨城県水戸市河和田町と水戸市河和田一丁目から三丁目までの地域である。河和田町と河和田一丁目〜三丁目の間には桜川が東西に流れていて、その両岸は現在でこそ田畑や宅地になっているが、親鸞のころは湿地だったはずである。なぜなら当時、川の周囲には洪水の被害を恐れて田畑は作らなかったからである。田畑は山の麓や低い丘の斜面に作られるのが普通だった。そこに小川が流れていれば条件がよかった。

秋から冬には鮭が遡上する桜川の南側の湿地を過ぎると、まもなく小高い丘になる。その奥に唯円開基の報仏寺がある。このあたりは戦国時代後期には河和田城が設けられており、周囲には土塁が築かれ、付近から湧き出す泉の水を利用した堀を廻らしていた（『水戸市史　上巻』水戸市役所、一九六三年）。

道場池の碑　茨城県水戸市.
碑文は大正年間を中心に活躍した真宗史学者近角常観の作である.

しかし報仏寺の成立は江戸時代の十七世紀後半である。付近の第二代水戸藩主徳川光圀（みつくに）が唯円開基の寺院が荒れていたのを惜しんで再興させたのである。最初の唯円開基の寺院、実は念仏道場は、報仏寺からさらに南方へ数百（メートル）進んだ、河和田町榎本にあった。報仏寺の寺伝によれば、唯円は仁治元年（一二四〇）、ここに念仏道場を開いている。現在、「道場池」としてその遺跡が残されている。

ちなみに河和田の読み方は「かわた」ではなく、「かわわだ」である。よく誤読されるので、ここで確認しておきたい。常陸国の地名の読み方についてもっとも参考にすべきは、江戸時代後期から編纂が始まった『新編常陸国誌』である。その中に河和田について、「加波和陀（かはわだ）」と読み方が記してある。河和田についての読み方が判明する最古の史料はこの『新編常陸国誌』であるから、河和田の読みは「かはわだ」であり、現代日本語では「かわわだ」と発音しなければならない（拙稿「報仏寺とその周辺の地域—報仏寺報恩講に寄せて—」『親鸞の水脈』第一五号、二〇一四年）。茨城県以外にも河和田という地名はある（福井県鯖江市河和田町など）。それをどのように読むかについては、それぞれの地域の慣行による。

河和田の読みは「かわわだ」

唯円と覚如

唯円は正応元年（一二八八）に京都で覚如に会っている。その二年前の弘安九年、覚如は奈良の一乗院で出家した。十七歳であった。翌年には延暦寺・園城寺・興福寺等での生活を打ち切って、京都東山に帰った。親鸞の教えを本格的に学ぼうという目的である。翌年十一月、奥州東山から親鸞の祥月命日の法要のために上京した如信に会い、親鸞の教えを受けている。『慕帰絵』第三巻に、

弘安十年春秋十八といふ十一月なかの九日の夜、東山の如信上人と申し賢哲にあひて

釈迦・弥陀の教行を面受し、他力摂生の信証を口伝す。

「弘安十年、覚如の年齢が十八歳の時、その十一月十九日の夜、東山の如信上人といわれる賢く道理に通じている人に会って、釈迦と阿弥陀の教えやその修行について直接の教えを受け、阿弥陀仏が救い摂って極楽に往生させて下さることについての信心とその確証を、口頭で教わりました」と記されている。

ところが翌年、覚如は、やはり同様の目的で上京してきた唯円に会って指導を受けた。同書に、

将又(はたまた)、安心をとり侍るうへにも、なを自他解了の程を決せんがために、正応元年冬のころ、常陸国河和田の唯円房と号せし法侶上洛しけるとき、対面して日来(ひごろ)不審の法文にをいて善悪二業を決し、今度あまたの問題をあげて、自他数遍の談にをよびけり。かの唯円大徳は（親）鸞聖人の面授なり、鴻才弁説(こうさいべんぜつ)の名誉ありしかば、これに対してもますます当流の気味を添けるとぞ。

「あるいはまた、ほんとうの信心を定めるためにも、さらに自力と他力の理解をはっきりさせようと、正応元年冬のころに、常陸国河和田の唯円房という僧侶が上京してきた時、面会して、いままでよく分からなかった経典等の文章を解釈して、その後に結果をもたら

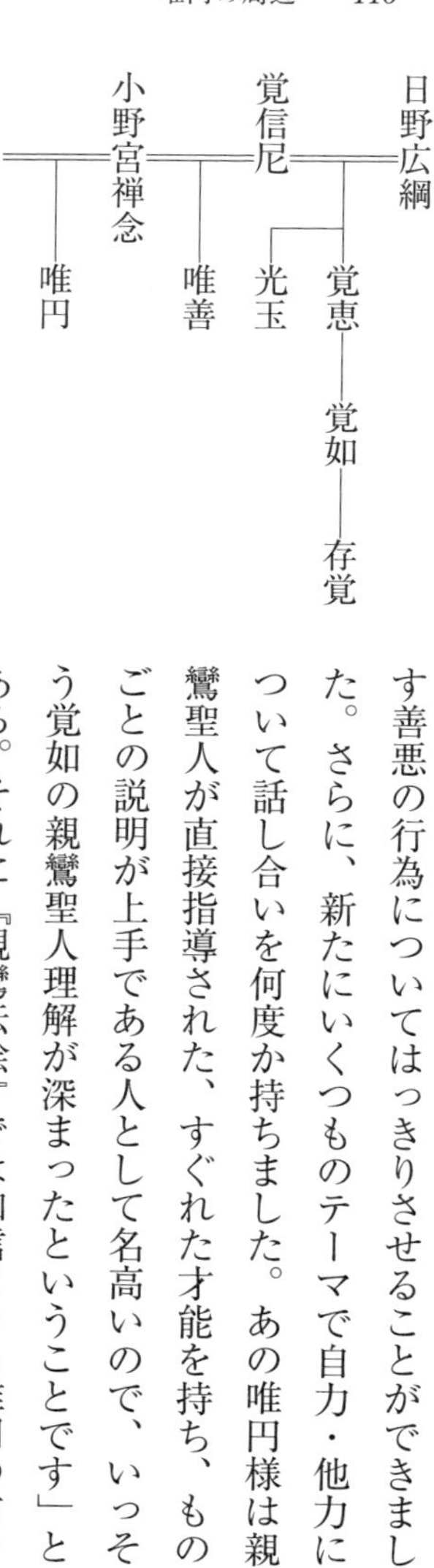

す善悪の行為についてはっきりさせることができました。さらに、新たにいくつものテーマで自力・他力について話し合いを何度か持ちました。あの唯円様は親鸞聖人が直接指導された、すぐれた才能を持ち、ものごとの説明が上手である人として名高いので、いっそう覚如の親鸞聖人理解が深まったということです」とある。それに『親鸞伝絵』では如信よりも唯円の方を高く評価しているように見受けられる。

唯円は親鸞の遠縁か

唯円は、親鸞の遠縁であるという説がある。覚信尼の二度目の夫小野宮禅念の前妻との間の息子であるというのである。唯善の異母兄である。『本願寺通紀』に、

一云、禅念の子、唯善の兄、仁治元年祖師の弟子と為る。

「ある説では、小野宮禅念の子で、唯善の兄ということです。仁治元年（一二四〇、親鸞六十八歳）に親鸞の弟子になりました」とある。系図をたどれば、その説では右のようになる。

ところが、この説をあげた『本願寺通紀』には、

此の説疑うべし。案ずるに一期記上三右禅念坊の旁注に唯円の父と言う。而して此の説より作るなり。彼記甚だ写誤多し。

「この説は疑問ですよ。考えてみますと、『存覚一期記』の禅念坊の部分の傍注に唯円の父とあります。ここから作った説でしょう。あの『存覚一期記』はとても写し間違いが多いのです」と書かれている。確かに、唯円が禅念の息子であるという説の初見は、江戸時代の版本『存覚一期記』に記されている傍注である。

一方で唯円が『慕帰絵』と『最須敬重絵詞』に「大徳」と敬称をつけて呼ばれている事実がある。また二十四輩に入っていないということもある。

唯円大徳

親鸞の有力門弟を親鸞聖人門弟二十四輩と総称することがある。例えば二十四第一性信、第二真仏といったように、である。では、この二十四輩はいったいだれが定めたものであろうか。従来、それを定めた人として親鸞自身、あるいは如信、または覚如という三人の候補者があったが、現在では覚如であろうという見解で固まっている。また後に門弟だけでなく、その門弟が開基となっている寺院を指すようにもなった。二十四輩第一報恩寺（性信が開基）、第二専修寺（真仏が開基）、のようにである。

しかしこの二十四輩に如信と河和田の唯円は入っていない。如信は親鸞の孫で、幼時から親鸞の教えを受け、長じては大網門徒を率い、報恩講のもとを作った。この如信が有力でなかったはずはない。その如信が二十四輩に入っていないのは、まさにその親鸞の孫ということに理由があるのではないだろうかと考えられている。如信は門弟とはいっても親鸞の親族という別格として扱われたのであろうということである。覚如は、門徒たちは親鸞直系の親族によって指導されるべきであるという方針を貫いていた。

覚如は、親鸞の子孫はどのような者であっても尊重されるべきであるとも考えていたようである。覚如の二男従覚が制作した『慕帰絵』と覚如の高弟乗専が制作した『最須敬重絵詞』で、問題があったはずの善鸞や唯善も大きく取り上げているのはそのためと推定される。そしてそこでは善鸞・唯善・唯円に「大徳」という敬称を付けている。如信は「上人」である。この両書は覚如の伝記であるので、覚如とその父についてはさまざまな呼び方をしている。

「大徳」とは奈良時代からある敬称で、徳の高い優れた僧という意味であった。しかし『慕帰絵』と『最須敬重絵詞』では親鸞の親族に対する敬称として使用しているのではないかという説がある。善鸞と唯善は間違いなく親鸞の親族である。それと同等に扱われているのなら、河和田の唯円も親族なのではないか。如信同様、河和田の唯円も二十四輩に入っていない。

唯円と唯善

唯善は、もともと山伏の修行をしていたが没落し、常陸国に下った。『存覚一期記』に、

唯善房は、もと山伏なり。仁和寺相応院の守助僧正の弟子なり。大納言阿闍梨(あじゃり)弘雅と号す。しかして落堕の後、奥郡河和田に居し、ある仁に嫁す。

「唯善さんは仁和寺相応院の守助僧正の弟子です。大納言阿闍梨弘雅と号しました。そして没落してから常陸国奥郡河和田に住んで、ある女性と結婚し、その家に入りました」と記されている。文中、「〜に嫁す」は、「〜と結婚してその家に入りました」という意味である。当時「〜に嫁す」は相手が男性の場合も女性の場合も使用した。また『親鸞聖人門侶交名牒』の唯円の門弟に唯善の名があり、『最須敬重絵詞』第五巻第十七段に、

河和田の唯円大徳をもて師範として、聖人の門葉と成て唯善房とぞ号せられける。

「河和田の唯円大徳を師匠とし、親鸞聖人の門人に連なり唯善房と号されました」とある。

唯善の面倒をみてくれたのは、唯円が兄だからだったのではないかという解釈が、唯円

唯円大徳開基の碑　茨城県水戸市報仏寺．唯円の念仏道場は江戸時代初期には廃絶していたが，元禄年間，徳川光圀によって報仏寺として再興された．

は唯善の異母兄であるという説の成立を助けている。なお、河和田は正確には奥郡ではない。

唯円はもと無教養の荒くれた武士

ただ報仏寺では唯円の出身について異なる説を伝えている。それによると、唯円は北条平次郎という、無教養な武士であったという。その妻は親鸞に帰依した熱心な念仏者で、稲田の親鸞のもとに通って教えを受けていた。しかし平次郎がそのことを嫌うので、こっそり念仏を称えることしかできなかった。ある時、妻は親鸞にそのことを訴えた。すると親鸞は、「夫について愚痴をいうのはよしなさい。いつかきっと分かってくれる時が来ます。その時まで、これを私と思って念仏を称えなさい」と、「南無阿弥陀仏」と紙に名号を書いて渡してくれた。

妻は夫が外出している間に名号を取り出し、念仏を称えていた。すると突然夫が帰って来たので、妻はあわてて名号をふところに押し込もうとしたけれども間に合わず、夫にその様子を見られてしまった。夫はそれは他の男からのラブレターだと疑い、山刀で一刀のもとに妻を切り殺してしまった。

夫は妻の死骸を裏の竹藪に埋め、家へ戻ってみると、何気なく妻が出て来て「お帰りなさい」というではないか。びっくりした夫は、「いま、お前を切り殺して裏へ埋めてきた」と告げる。妻は何のことか分からない。そこで一緒に裏へ行って掘り返してみると、妻の死骸はなくて、代わりに名号が出てきた。しかも「南無」と「阿弥陀仏」の間が切れ、血がにじんでいた。

それを見た妻は、「ありがたい名号が私の身代わりになってくれた」と、天を仰いで泣いて喜んだ。夫の平次郎はしばし黙然、名号の大きな力を感じ、妻と一緒に稲田の親鸞のもとに行って門弟となり、唯円という法名を与えられたという。この時の名号は、「平次郎身代わり名号」として今日の報仏寺の寺宝となっている。

河和田門徒

『親鸞聖人門侶交名牒』には、唯円の門弟四人の名が記されている。むろん、もっと多くの門弟がいたことと推定される。彼らは唯円を指導者として宗教集団を作っていたであろう。それを仮りに河和田門徒と呼んでおきたい。歎異抄はその河和田門徒に読ませるための書物であったと推定される。

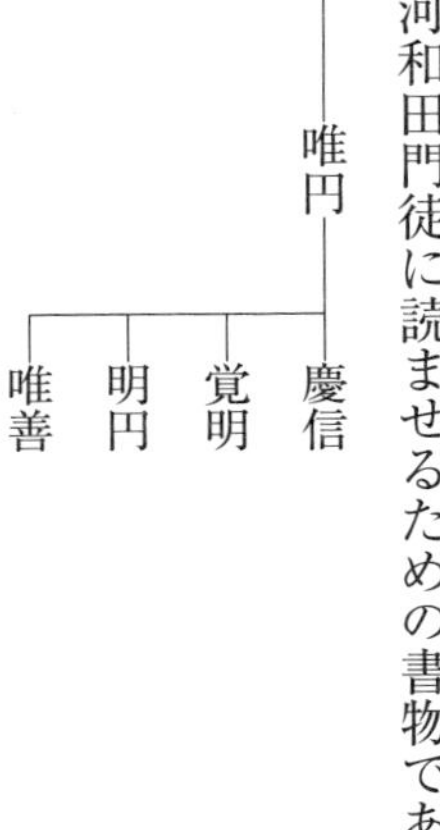

唯円を囲む環境

道場池の周囲は湿地で、近年まで全面が水田であった。現在では耕作放棄の部分があって、水田は半分以下の面積となり、「道場池の碑」のある小さな島の西側のみになってしまった。この小さな島を取り巻く池が、現在の道場池である。「どじょう池」と呼ばれたこともあるという。

道場池と塩街道

道場池の数十メートル西側に、南北に走る幅一間半ばかりの道がある。小型車一台がやっと通れるくらいの道である。これは「塩街道」と呼ばれている、鎌倉時代あるいはそれ以前からの街道である。道場池から幅一間ほどの道路を西に進むと、この塩街道を横切る形になる。その角に地域の公民館があり、その前に「塩街道」と記された細長い石の標識が建っ

塩街道の碑　茨城県水戸市.
鹿島灘沿岸の製塩業の盛んな様子は, 御伽草子の「文正草子」によってしのばれる. これは身分の低い文太という男が製塩業で成り上がる話である.

ている。ここは道場池と同じく、河和田町字榎本である。

塩街道というのは、商人たちが海産物を内陸部へ運ぶ街道のことである。この名称は各地にあるが、ここの塩街道は鹿島灘沿岸から下野国・上野国を結ぶ通商の道だったのである。商人たちは塩や昆布、塩漬けの魚等を運んで売り、米や野菜を仕入れて海岸地方へ持ち帰った。実際、鹿島灘沿岸では製塩業が盛んであった。

宿と市

現在では他の場所に移転しているけれども、榎本には近年まで市神様(いちがみさま)があった。市神とは市を守ってくれるとして崇拝された神である。平安時代後期から鎌倉時代において、街道の宿場には市が立った。宿場は、江戸時代には宿場といったが、鎌倉時代や室町時代には「宿」であった。さらに奈良時代・平安時代から鎌倉時代にかけては「駅」または「駅家」と称した。いずれも読み方は同じで、「うまや」であった。

宿場には人が大勢集まるので、市が開かれることが多くなった。鎌倉時代の旅日記である『東関紀行』に、尾張国の萱津の東宿の様子を次のように記している。

> 萱津の東宿の前をすぐれば、そこらの人あつまりて、里もひびくばかりにののしりあへり。今日は市の日になむあたりたるとぞいふなる。

また同じく鎌倉時代の紀行文『海道記』に、箱根の東の関下（関本）の宿について次のように記してある。

> 関下の宿をすぐれば、宅をならぶる住民は人をやどして主とし、窓にうたふ君女は客をとどめて夫とす。

親鸞の青壮年期はまだ物々交換が中心であった。やがて親鸞の最晩年には貨幣が流通するようになり、年貢も貨幣で払われる地域が現われてきた。市は毎日ではなく、月に三回開かれることが多かった。それは十日ごとに、例えば毎月三日・十三日・二十三日という三のつく日などである。その名残りで、現在でも全国に四日市や五日市などの地名がある。

店を構えて毎日商品を売ることができるほどの需要はまだ日本にはなかったということである。

市神様が存在していたからには、まだいつのころからか確定はできていないが、道場池の傍にも宿があり、そこで市が開かれていたと推測することはできる。道場池付近は宿場があり、市も立つ賑やかな所だったのであろう。また周囲には田畑や山林があった。すなわち、商人や農民がいて、漁師たちもいたであろう。また北の方は下り斜面で、その先には鮭も遡上する桜川があり、漁師も多かったに違いない。

すなわち、唯円が念仏道場を構えていた所は、農民や猟師・漁師さらには商人が集う中心的な地域であったと見ることができる。道場には、心の平安を願う人たちが集まって来たと推測される。

唯円の時代

朝廷と幕府の関係

報仏寺の本尊阿弥陀仏立像の台座銘に、唯円が亡くなった年月日として次のような記事がある。これは戦国時代に記された銘文である。

当寺開基唯円大徳　正応元年戊子八月八日

正応元年は西暦一二八八年である。ところが覚如が上京してきた唯円に会ったのは、『慕帰絵』によれば正応元年冬のことであった。当時の暦では、「冬」とは十月・十一月・十二月であるから、台座銘と微妙に合わない。これは古い史料となる『慕帰絵』の記事の

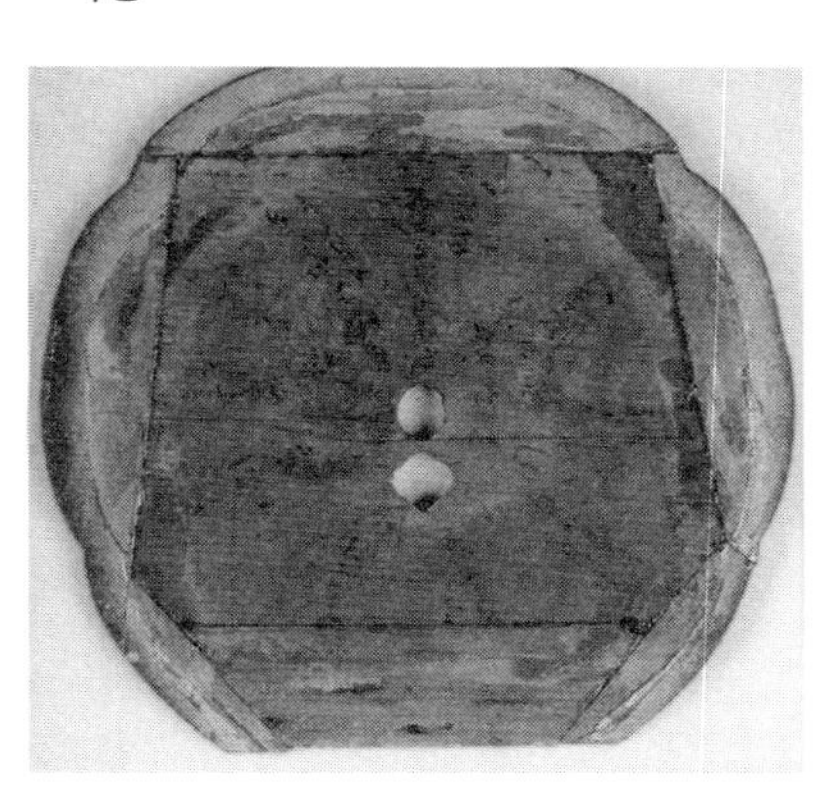

報仏寺本尊の台座銘
報仏寺の開基唯円から始まって，第十代実了に至るまでの歴代住職の没年代が記されている．台座は数枚の板を重ねて作られていた．

方を採用すべきであろうけれども、唯円が十三世紀末近くまで生存していたことは確実であろう。そして弘長二年（一二六二）に九十歳で亡くなった親鸞とはかなりの歳の差があったことも間違いあるまい。では唯円が活躍した時代は、どのような政治的・社会的・宗教的状況だったのであろうか。

朝廷においては、仁治三年（一二四二）、二十三歳の後嵯峨（ごさが）天皇が即位した。貴族の間では別の候補者が有力だったのであるが、幕府が反対を押し切って即位させたのである。四年後に譲位して上皇となると院政を開き、それは文永九年（一二七二）に亡くなるまで続いた。その院政は幕府と協調する方針を取ったものであった。承久の乱を起こした後鳥羽上皇は延応元年（一二三九）に亡くなっているし、朝廷と幕府の間は友好的な関係が継続していった。

幕府―得宗の専制政治

幕府の方では執権北条泰時（やすとき）が後嵯峨天皇即位の年に亡くなり、その長男経時の時代を経て、これも同じく後嵯峨上皇が院政を開いた年に二男の時頼（ときより）が執権となった。時頼は弘長三年（一二六三）に亡くなったが、その跡を息子の時宗（ときむね）が継いでいる。さらに弘安七年（一二八四）に亡くなった時宗の跡を貞時が継いだ。

この三人の執権の時代には、幕府の中では同輩である御家人勢力を押さえ込んでいった。御家人というのは「将軍家の家来」という意味で、幕府創業以来の豪族たちが多かった。また執権を出す家柄となった北条氏の本家すなわち得宗家が、とかく抵抗する分家勢力を圧倒していった。

御内人と遊行民の社会

北条氏得宗家の勢力が増大するにつれ、その家来である御内人が全国的に勢力を蓄え、幕府内でも御家人を圧倒するようになった。弘安八年（一二八五）、御内人を率いる平頼綱は御家人の代表格である安達泰盛と戦ってこれを滅ぼした。これは霜月騒動と呼ばれている。この戦いは全国に波及して多数の御家人が滅ぼされた。

当時の武士たちは主に農地を経済的基盤としている。ただ日本列島には、古代から農地によらない、各地を巡り歩いて生計を立てている山の民や遊芸人もかなり存在していたと推定される。そして鎌倉時代の中期に向かって商工業が盛んになると、それを担う人々も多くなった。まだ恒常的な店舗を開いて商品を売るという経済段階には入っていなかったので、物を作る人が各地に売り歩くということが盛んに行なわれるようになった。その人たちから交通税を取る港や関所も多くなった。そのような遊行民をもととする経済力を吸収し、勢力の基盤にしたのが御内人である。その御内人の指導者として絶大な権力を振るったのが平頼綱であった。

平頼綱の『教行信証』開版

親鸞の門弟性信を最初の指導者とする横曾根門徒は、常陸国西部の南北に細長い湖である飯沼の南半分、すなわち横曽根と呼ばれた地域を勢力圏としていた。報恩寺はその南端にある。この湖と周辺の農地も飯沼と呼ばれていたが、その領主飯沼助宗は頼綱の二男であった。その縁から横曾根門徒は頼綱の保護を得て、正応四年（一二九一）、『教行信証』を開版（出版）している（拙著『親鸞と東国門徒』吉川弘文館、一九九九年）。

また他方、文永十一年（一二七四）と弘安四年（一二八一）にはモンゴル軍が北九州に攻め寄せてきた。いわゆる文永の役と弘安の役である。幕府と朝廷はこの国難に忙殺され、西国に領地のある御家人たちは防塁等の建設、さらには防衛軍として駆り出された。また戦後、ふだんより多くの奉公をしたとして、その恩賞を求める御家人たちで鎌倉は溢れかえった。モンゴルを追い払うことができただけで、一片の領地も獲得できなかった幕府は恩賞の捻出に苦慮した。

仏教社会の新展開

このような政治と社会を背景にして、宗教勢力にも変化が目立つようになった。法然の門弟である証空の系統である浄土宗西山派が京都を中心にして九州や東国にまで影響力を及ぼしていた。同じく法然の門弟弁長が出身地の筑前国を中心に九州（鎮西）に勢力を広めていた。その系統を鎮西派と呼ぶゆえんである。弁長の門弟良忠は鎌倉へ入って、のちに鎮西派全盛のもとを築いた。西山派は、阿弥陀仏五劫の修行の後に人々を救う方法を見出したと理解するところに現在の人々の救いがある、とするのが教義上の特色である。鎮西派は、念仏以外の行を行なうことも念仏を称えるのと同等の価値があるとすることが特色である。いわゆる諸行本願義である。諸行本願義といえば、親鸞の法兄隆寛の門弟智慶も鎌倉に進出している。

また鎌倉では奈良西大寺の叡尊（えいそん）と忍性（にんしょう）が北条氏の信用を得ていた。さらには中国から鎌倉に来た蘭渓道隆（らんけいどうりゅう）や無学祖元（むがくそげん）、大休正念（だいきゅうしょうねん）などの禅僧も社会全体に勢力を広げていった。

唯円の思い

歎異抄第十一章

一文(いちもん)不通のともがらの念仏まふすにあふて、なんぢは誓願不思議を信じて念仏まふすか、また名号不思議を信ずるかといひおどろかして、ふたつの不思議を子細をも分明にいひひらかずして、ひとのこゝろをまどはすこと。この条、かへす〲もこゝろをとゞめて、おもひわくべきことなり。誓願の不思議によりて、やすくたもちて、となへやすき名号を案じいたしたまひて、この名字をとなへんものをむかへとらんと、御約束あることなれば、まづ弥陀の大悲大願の不思議にたすけられまひらせて、生死をいづべしと信じて念仏のまふさるゝも、如来の御はからひなりとおもへば、すこしもみづからのはからひまじはらざるがゆへに、本願に相応して実報土に往生するなり。これは誓願の不思議をむねと信じたてまつれば、名号の不思議も具足して、誓願名号の不思議ひとつにして、さらにことなることなきなり。つぎにみづからのはからひをさしはさみて、善悪のふたつにつきて、往生のたすけさはり二様におもふは、誓願の不思議をばたのまずして、わがこゝろに往生の業をはげみて、まふすところの念仏をも自行になすなり。このひとは、名号の不思議をもまた信ぜざるなり。信ぜざれども、辺地懈慢・疑城胎宮にも往生して、果遂の願ゆへにつゐに報土に生ずるは名号不思議のちからなり。これすなはち誓願不思議のゆへなれば、たゞひとつなるべし。

【現代語訳】まったく学問がなくて念仏を称えている人に出会って、「あなたは阿弥陀仏の誓願の不可思議な力を信じて念仏を称えているのか。さもなければ南無阿弥陀仏という名号の不可思議な力を信じているのか」などと問いかけて驚かし、この二種類の不可思議の内容について詳しく説明せず、相手の気持を動揺させる者がいます。このことにはよくよく留意し、そうしないように気をつけなければなりません。阿弥陀如来は誓願の不可思議な力によって楽に持ち続けることができ、また称えやすい名号を考え出され、この「南無阿弥陀仏」を称えた者を極楽浄土へ迎え摂ろうという約束をして下さったのです。ですから、まず、阿弥陀如来の大慈悲の大きな誓いの不可思議な力にお助けいただいて迷いの世界を出られるのだ、と信じて念仏を称えることができるのも、阿弥陀如来がそのようにさせて下さっているのだと思いましょう。そうすれば自分の判断がまったく入り込みませんので、本願が十分に働いてほんとうの極楽浄土に往生することになるのです。誓願の不可思議な力をもっとも大切だと信じますと、名号の不可思議な力もくっついてきて、誓願の不可思議な力と名号の不可思議な力は一つになります。両方はまったく違うものではなくなるのです。次に、自分がいろいろと判断し、善と悪の二つのことについて往生の助けになるとか邪魔になるなど二種類に分けてしまうのは、誓願の不可思議な力をお頼みしないで、自分で努力しなければと奮闘し、その結果称える念仏も自力の行ないにしてしまうことになるのです。この人はまた、名号の不可思議な力も信じていません。信じていないのですけれども、念仏を称えたおかげで極楽の片隅や懈慢さらには疑城・胎宮と呼ばれる世界に往生できます。加えて、そのような行者でもほんとうの浄土へ救ってあげようという本願により、最終的に極楽の中央部へ往生できるのです。それは名号の不可思議な力なのです。これはとりもなおさず誓願の不可思議な力のおかげですから、誓願不思議と名号不思議とは同じことでしょう。

【考察】

誓願不思議と名号不思議　親鸞若きころの吉水草庵において、念仏の性格についての親鸞の検討課題は、信心に基づく念仏か、多くの回数を称えるべき行としての念仏かということであった。あるいは信心の質についてであった。ところが歎異抄では誓願不思議か名号不思議か、という課題に変わっている。これはどうしたことであろうか。それを考えるためには唯円の時代の関心事を見ていく必要がある。

日蓮と南無妙法蓮華経　唯円と同じ時代、鎌倉時代後半に鎌倉を中心にして活躍した僧に日蓮がいる。日蓮は法華経にこそ仏教を始めた釈迦の心が込められているとして、文永三年（一二六六）に著わした『法華題目抄』に、自問自答形式で、

問て云く、法華経の意もしらず、義理をもあぢはゝずして、只南無妙法蓮華経と計り五字七字に限て一日に一遍、一月乃至一年一期生の間に只一遍なんど唱へても、軽重の悪に引かれずして四悪趣におもむかず、ついに不退の位にいたるべしや。答て云く、しかるべき也。

〔『質問』法華経がどのような意図で書かれているのか、また詳しい内容も理解せずに、ただ南無妙法蓮華経とだけ五字（妙法蓮華経）・七字（南無妙法蓮華経）」のみを一日に一回、あるいは一か月、一年、さらには一生の間一回唱えるだけでも、長い間積み重ねてきた悪行のせいで往くはずだった地獄・餓鬼道・畜生道・修羅道に往生せずに、さとりの世界に入ることができるでしょうか。『答え』はい、そのとおりになるでしょう」と、「南無妙法蓮華経」あるいは「妙法蓮華経」と唱えること（唱題）の重要性を説いている。

同じく『法華題目抄』には「法華経の題目は八万聖教の肝心、一切諸仏の眼目なり

（「南無妙法蓮華経」は八万部あるすべての経典のなかでもっとも重要なことで、すべての仏たちがもっとも大切にすることです）」と述べている。また日蓮の思想が確立した佐渡流罪の生活の中で著わされた『観心本尊抄』には、

　釈尊の因行果徳の二法の妙法蓮華経の五字に具足す。

「釈迦の修行とその結果の功徳は、すべて妙法蓮華経という五文字に収められています」とある。つまりは「南無妙法蓮華経」という題目に救いの不可思議な力が込められているというのである（拙稿「日蓮・一遍および叡尊」中尾堯編『日蓮宗の諸問題』雄山閣、一九七四年）。

叡尊の光明真言観　また文永元年（一二六四）に光明真言会（こうみょうしんごんえ）を開始した西大寺の叡尊（えいそん）は、多くの武士や庶民に支持された。この会は、毎年九月に七日間行なわれる法会である。この会では、大日如来の発した光明真言「唵阿謨伽尾盧左曩摩訶母捺囉麽抳鉢納麼入縛囉鉢囉韈哆野吽（おんあぼぎゃべいろしゃのうまかぼだらまにはんどまじんばらはらばりたやうん）」を、ひたすら称えるのである。この呪文には釈迦をさとりの境地に達しさせる力を持ったとし、武士や庶民に親しい観音菩薩や毘盧遮那如来（びるしゃなにょらい）もこの真言の功徳を説いているとしている。この真言は、人々のもろもろの罪障を取り除き、巨万の富を与える。いかなる極悪の亡者も光明真言による追善供養によって極楽浄土に生まれ変わる。戒律を

厳しく守って修行生活を続けている僧尼に結縁すれば、誰でもありがたい功徳を受け取ることができる。叡尊はこのように教えた。

一遍の名号不可思議の世界　証空の孫弟子にあたる一遍は、時宗(じしゅう)の開祖として知られている。彼が念仏を説いたことは親鸞と同じであるが、その関心は阿弥陀仏そのものよりも南無阿弥陀仏という六字の名号にあった。人の称える名号が阿弥陀仏のさとり(正覚)と人の極楽往生を可能にしているというのである。称えなければ阿弥陀仏のさとりもなかった、と一遍は考えたのである。『一遍聖絵』に彼が作った偈(げ)が示されている。

六字の中　本無生死

一声の間　即ち無生を証す

「「南無阿弥陀仏」の六字名号の中にこそ、迷いの世界である生死を超えた、極楽がある。一声「南無阿弥陀仏」と称えるわずかの間に、たちまち極楽が出現する」。

一遍作の「別願和讃」の最後は、

仏も衆生もひとつにて、南無阿弥陀仏とぞ申べき。

「阿弥陀仏も私たちも一緒に南無阿弥陀仏と称えましょう」とあり、また『一遍上人語録』下六九によれば、一遍は、「南無阿弥陀仏が往生するなり」とまで言ったという(拙

著『捨聖一遍』吉川弘文館、一九九九年）。

一遍は正応二年（一二八九）八月二十三日、五十一歳で亡くなった。報仏寺の本尊台座銘には、唯円が亡くなったのは同年同月八日とあった。まさに一遍は唯円と同時代に、同じ社会的課題を背負って活躍したのである。そして一遍の念仏は、信心を尊重するのではなく名号を尊重する、いわば名号不可思議の世界であった。それが唯円が対峙しなければならない世界だったのである。時宗は鎌倉時代後期から南北朝時代にかけて全盛であった。唯円にとって名号不思議をいかに克服するかは大きな課題だったのである。「後序」に真っ先にこの課題を示したのは、それだけ克服が大変だったからなのであろう。

さらに『最須敬重絵詞』第五巻第十七段に、善鸞の問題に絡めて「名号不思議の功徳」とか「名号加持の力」などという表現を使用しているのは、この書物が成立した文和元年（一三五二）ころも時宗全盛の社会であったからと推定されよう。

歎異抄第十二章

経釈をよみ、学せざるともがら、往生不定のよしのこと。この条すこぶる不足言の義といひつべし。他力真実のむねをあかせるもろ〳〵の正教は、本願を信じ念仏をまふさば仏になる。そのほか、なにの学問かは往生の要なるべきや。まことにこのことはりにまよへらんひとは、いかにも〳〵学問して本願のむねをしるべきなり。経釈をよみ、学すといへども、聖教の本意をこゝろえざる条、もとも不便のことなり。一文不通にして経釈のゆくちもしらざらんひとの、となへやすからんための名号におはしますゆへに、易行といふ。学問をむねとするは聖道門なり。難行となづく。あやまて学問して名聞利養のおもひに住するひと、順次の往生いかゞあらんずらんといふ証文もさふらふべきや。当時専修念仏のひとゝ聖道門のひと法論をくわだてゝ、わが宗こそすぐれたれ、ひとの宗はおとりなりといふほどに、法敵も、いできたり謗法もおこる。これしかしながら、みづからわが法を破謗するにあらずや。たとひ諸門こぞりて、念仏はかひなきひとのためなり、その宗あさし、いやしといふとも、さらにあらそはずして、われらがごとくの下根の凡夫、一文不通のものゝ信ずればたすかるよしうけたまはりて、信じさふらへば、さらに上根のひとのためにはいやしくとも、われらがためには最上の法にてましますす。たとひ自余の教法すぐれたりとも、みづからがためには器量およばざれば、つとめがたし。われもひとも生死をはなれんことこそ諸仏の御本意にておはしませば、御さまたげあるべからずとて、にくひ気せずば、たれのひとかありてあだをなすべきや。かつは諍論のところにはもろ〳〵の煩悩おこる。智者遠離すべきよしの証文さふらふにこそ。故聖人のおほせには、この法をば信ずる衆生もあり、そしる衆生もあるべしと、仏ときおかせたまひたることなれば、われはすでに信じたてまつる。またひとありてそしるにて、仏説まことなりけりとしられさふらう。しかれば往生はいよいよ一定とおもひたまふなり。あやまてそしるひとのさふらはざらんにこそ。いかに信ずるひとはあれども、そしるひとのなきやらんともおぼへさふらひぬべけれ。かくまふせばとて、かならずひとにそしられんとにはあらず。仏のかねて信謗ともにあるべきむねをしろしめして、ひとのうたがひをあらせんとときおかせたまふことをまふすなり、とこそさふらひしか。いまの世には、学文してひとのそしりをやめ、ひとへに論議問答むねとせんとかまへられさふらうにや。学問せば、いよ〳〵如来の御本意をしり、悲願の広大のむねをも存知して、いやしからん身にて往生はいかゞなんどあやぶまんひとにも、本願には善悪浄穢なきおもむきをもときゝかせられさふらはゞこそ、学生のかひにてもさふらはめ。たま〳〵なにこゝろもなく本願に相応して念仏するひとを、学文してこそなんどいひをどさるゝこと、法の魔障なり、仏の怨敵なり。みづから他力の信心かくるのみならず、あやまて他をまよはさんとす。つゝしんでおそるべし、先師の御こゝろにそむくことを。かねてあはれむべし、弥陀の本願にあらざることを。

【現代語訳】経典や、菩薩等が著わした「論」、高僧が著わした「釈」等の古典を読んで勉強しない人たちは極楽往生できるかどうかわからない、という話があります。これはまったく問題にならない話です。他力往生のほんとうの教えを明らかにしている経典類では、本願を信じて念仏を称えれば仏になると説いています。その他は、何を学び習うことが必要でしょうか。いいえ、必要ありません。ほんとうに、この考えに引きずられている人は、どんどん学び習って本願とは何か知る必要がありましょう。古典を読んで勉強しても、その説いていることが理解できないというのは、とても気の毒なことです。まったく学問がなくて古典が何を到着点として書かれているのか分からない人が称えやすいようになっている名号ですので、念仏を称えることを易行（いぎょう）といいます。学び習うことが大切であるとするのを聖道門といいまして、これはいろいろ困難な修行をしなければなりません。それで難行（なんぎょう）と呼ばれています。間違って学び習う道に入ってしまい名誉欲や財産欲にとらわれている人は、次の世での往生は心配だという証拠の文献もあるのですよ。最近では専修念仏の人が聖道門の人と論争して、「私たちの教えの方が優れていて、あなたの方は劣っている」と主張するので、敵も現われ、念仏も謗られてしまうのです。このような行動は、自分で専修念仏を壊し謗っていると言えるのではないでしょうか。もし仏教諸宗派がすべて、「称名念仏は役にも立たない者のためのものだ、その教えは浅薄で低級だ」と言っても、絶対に争わないようにして、私のようなさとりへの能力の劣った者、学問がまったくない者に「信じれば救っていただける」、と教えていただいたのだと信じております。それでさとりの能力のある人にとっては低級であっても、私のためにはもっともよい教えです。もし他の教えが優れているにしても、私にとりましてはそれをこなせる能力がありませんので、その修行はできません。私もほかの人も、迷いの世界を離れることこそが諸々の仏がほんとうに願って下さっていることですので、「邪魔をしないようにしてくださ い」というだけにしておいて、憎々しい態度を示さなければ、いったい誰が妨害するでしょうか。さらに論争をしていればいろいろな欲望や怒り・悩みが起きます。智慧のある者はその争いの場から遠く離れるべきであると書かれた証拠もあるんですよ。亡くなられた親鸞聖人が言われたことには「念仏の教えを信じる人たちもあり、悪くいう人たちもあるでしょうと仏が説き残しておかれたことですので、私はそのように信じ申し上げております。また念仏を悪くいう人もいますから、たしかに説かれたことはそのおりだと分かるのです。ですから、極楽往生は確かに決まったと思って下さるべきなのです。もしかして念仏を悪くいう人がいなければ、信ずる人がいるのに、どうして悪くいう人がいないのだろうとも思うでしょう。このように申し上げるからと言って、必らず人に悪くいわれるということではありません。仏が前もって、「信じる・悪く言う」という両方があることを知らせて下さり、どうしてこんなに悪くいわれるのかという疑問が出てこないようにと、説いておいて下さったことを申し上げているのです」ということでありました。近年では、学び習って他人が悪口を言うことを止めさせよう、ひたすら教義について論争し議論し合おうとするのが重要なことだと身構えておられる様子です。学び習えば、ますます阿弥陀如来のほんとうの意図が分かり、慈悲の本願の広く大きな重要さを知ります。それで自分のような下賤の身で極楽往生は無理なのではないかと心配する人も、本願では「善人と悪人、罪悪のない人とある人」などの区別がないことを説明して下さってありますので、学び習うことの甲斐があるというものでしょう。偶然、特に考えをめぐらす必要もなくて本願の働きで念仏を称えている人を「学び習わなければ往生できませんよ」と驚かすのは、仏法の悪魔です。仏に怨みを持つ仇です。自分自身が他力の信心に欠けるだけでなく、間

報仏寺の本尊阿弥陀仏　鎌倉時代後期．地方作．
本像は素朴な表情をしている．唯円が崇拝した阿弥陀仏か，と思わせる．

違って他人を迷わすことになります。心をこめて恐れましょう、亡くなられた師匠親鸞のお心に違うことを。あわせて、かわいそうに思いましょう、それは阿弥陀仏の本願ではないことを。

【考察】

無学では往生できないのか

この第十二章は、念仏を称えていても無学では往生できない、という説に対する反論である。専修念仏は、もともと法然が極楽往生のために必須条件とされてきたいくつかの条件を乗りこえて提示したものである。それは、

> もしそれ造像起塔をもって本願となさば、貧窮困乏（びんぐこんもう）の類はさだめて往生の望みを絶たん。しかも富貴のものは少なく、貧賤のものははなはだ多し。もし智慧高才をもって本願となさば、愚鈍下智のものはさだめて往生の望みを絶たん。しかも智慧のものは

少なく、愚痴のものははなはだ多し。もし多聞多見をもって本願となさば、少聞少見の輩はさだめて往生の望みを絶たん。しかも多聞のものは少なく、少聞のものははなはだ多し。もし持戒自律をもって本願となさば、破戒無戒のものはさだめて往生の望みを絶たん。しかも持戒のものは少なく、破戒のものははなはだ多し。

「もし造像起搭（仏像を造り仏搭を建てるための費用を出す財力のある者）を阿弥陀仏が本願としていたならば、貧しい者たちはきっと往生したいという願いを断ち切らなければならないでしょう。それに経済力豊かな者は少なく、貧しいものは非常に多いのです。もし智慧高才（ものごとの道理を覚る能力やものごとをうまく成し遂げる力のある者）を本願としていたならば、愚かで道理をよく判断できない者はきっと往生したいという願いを断ち切らなければならないでしょう。それなのに知恵のある者は少なく、愚かな者はとても多いのです。また多聞多見（多くの優れた話を聞く機会があり、優れたできごとを多く見る機会のある者）を本願にしていたならば、そのような機会のない者はきっと往生の願いを断たなければならないでしょう。それなのにそのような機会のある者は少ないのです。さらにまた持戒持律（戒律を厳しく守る態度と実行力を有した者）を本願にしたならば、戒を破った者やもともと戒律に基づく生活をしていない者はきっと往生の願いを断ち切らなければならないでしょう。それなのに戒律を守っている者は少なく、戒律を破っている者はとても多いのです」という内容であった（『選択本願念仏集』）。

人間の常　造像起搭・智慧高才・多聞多見・持戒自律、これらはすべて無学ではできない。その無学の者でも救われるとしたところに専修念仏の意義があった。したがって「無学では往生できないのか？」という質問に対しては、「いや、無学でも往生できる」としか答えようがない。しかし学問ができるとつい誇りたくなるのであろう。人間のおちいりやすい常である。

歎異抄第十三章

弥陀の本願不思議におはしませばとて、悪をおそれざるは、また本願ぼこりとて往生かなふべからずといふこと。この条、本願をうたがふ。善悪の宿業をこゝろえざるなり。よきこゝろのおこるも宿善のもよほすゆへなり。悪事のおもはれせらるゝも、悪業のはからふゆへなり。故聖人のおほせには、卯毛羊毛のさきにいるちりばかりも、つくるつみの宿業にあらずといふことなしとしるべしとさふらひき。

またあるとき、唯円房は、わがいふことをば信ずるかとおほせのさふらひしあひだ、さんさふらうとまふしてさふらひしかば、さらば、いはんことたがふまじきかと、かさねておほせのさふらひしあひだ、つゝしんで領状まふしてさふらひしかば、たとへばひと千人ころしてんや、しからば往生は一定すべしとおほせさふらひしとき、おほせにてはさふらへども、一人もこの身の器量にてはころしつべしともおぼへずさふろう、とまふしてさふらひしかば、さてはいかに親鸞（鸞）がいふことをたがふまじきとはいふぞと。これにてしるべし。なにごともこゝろにまかせたることならば、往生のために千人ころせといはんに、すなはちころすべし。しかれども一人にてもかなひぬべき業縁なきによりて害せざるなり。わがこゝろのよくてころさぬにはあらず。また害せじとおもふとも、百人千人をころすこともあるべし、とおほせのさふらひしかば、われらがこゝろのよきをばよしとおもひ、あしきことをばあしとおもひて、願の不思議にてたすけたまふといふことをしらざることを、おほせのさふらひしなり。そのかみ、邪見におちたるひとあて、悪をつくりたるものをたすけんといふ願にてましませばとて、わざとこのみて悪をつくりて往生の業とすべきよしをいひて、やう〳〵にあしざまなることのきこへさふらひしとき、御消息にくすりあればとて毒をこのむべからずとあそばされてさふらふは、かの邪執をやめんがためなり。またく悪は往生のさはりたるべしとにはあらず。持戒持律にてのみ、本願を信ずべくば、われらいかでか生死をはなるべきやと。かゝるあさましき身も、本願にあひたてまつりてこそ、げにほこられさふらへ。さればとて、身にそなへざらん悪業は、よもつくられさふらはじものを。またうみかわにあみをひきつりをして世をわたるものも、野やまにしゝをかり鳥をとりていのちをつぐともがらも、あきなひをもし田畠をつくりてすぐるひとも、たゞをなじことなりと。さるべき業縁のもよほさば、いかなるふるまひもすべしとこそ、聖人はおほせさふらひしに、当時は後世者ぶりして、よかりしものばかり念仏まふすべきやうに、あるひは道場にわりふみをして、なむ〳〵のことしたらんものをば道場へいるべからず、なんどゝいふこと、ひとへに賢善精進の相をほかにしめして、うちには虚仮(こけ)をいだけるものか。願にほこりてつくらんつみも、宿業のもよほすゆへなり。されば、よきこともあしきことも、業報にさしまかせて、ひとへに本願をたのみまひらすればこそ、他力にてはさふらへ。唯信抄にも、弥陀いかばかりのちからましますとしりてか、罪業のみなればすくはれがたしとおもふべきとさふらうぞかし。本願にほこるこゝろのあらんにつけてこそ、他力をたのむ信心も決定しぬべきことにてさふらへ。おほよそ悪業煩悩を断じつくしてのち本願を信ぜんのみぞ、願にほこるおもひもなくてよかるべきに、煩悩を断じなば、すなはち仏になり、仏のためには五劫思惟の願その詮なくやましまさん。本願ほこりといましめらるゝ、ひとびとも煩悩不浄具足せられてこそさふらうげなれ。それは願にほこらるゝにあらずや。いかなる悪を本願ほこりといふ。いかなる悪かほこらぬにてさふらうべきぞや。かへりてこゝろをさなきことか。

【現代語訳】阿弥陀仏の本願は考えても理解できないほど大きな力を持っています。でもだからといって「その本願に助けられていますから、どんな悪いことをしても大丈夫です」としたり、本願に甘えて勝手なことをしたりすれば極楽往生はできない、という説があります。これらの説は本願のあり方を疑うものであり、また現世での善と悪の原因となる「前世の行ない」についての理解が間違っています。「善を行なおう」という気持が発生するのも、前世で作った善がそのように促すからなのです。「悪を行なおう」という気持が起きるのも、前世で作った悪がそうさせるのです。亡くなられた親鸞聖人が仰ったことには「兎の毛や羊の毛に付いているほんとうに小さな塵(ちり)のような悪でも、前世で作った罪が現世でしからしめていないということはない、と知りなさい」ということでした。また、ある時には、「唯円さんは私の言うことを信じますか」と仰せがありましたので、「はい、そのようにいたします」と答えました。すると、「それなら、私の言うことに背きませんね」ともう一度仰せがありましたので、うやうやしく、「承知しました」と申し上げました。「それなら、人を千人殺してくれませんか。そうしたら極楽往生は決定しますよ」と仰いました。その時私は、「ご指示ではありますが、私の力では殺せるとも思えません」と申し上げますと、聖人は「それでは、どうして私親鸞が命ずることに背きませんと言ったのですか」と仰いました。聖人は、「このことで分かりなさい。どんなことでも、自分の気持次第でどうにでもなることならば、極楽往生のために千人殺しなさいと言われれば、即座に殺せるでしょう。たった一人であっても殺せる前世からの縁がないので、殺せないのです。自分の気持が善なので殺さないのではないのです。また、殺すまいと思っても、百人・千人もの人を殺すこともあるでしょう」と仰いました。これは、私が、「心の善いことは極楽往生のために善いことと思い、心の悪いことは往生のためには悪いことだ」と思ってしまっていて、「阿弥陀仏の本願の不可思議な力によって助けていただくということを知らない」ということをお話し下さったのです。以前に、誤った見方に落ち込んでしまった人があって、「阿弥陀仏の本願は悪いことをした人を助けようという願であられるから」と、ことさらに望んで悪いことを行ない、「これを極楽往生のための種にしよう」と言って、いろいろ悪いことを行なっていたそうです。その噂があったとき、親鸞聖人のお手紙に「薬があるから大丈夫と、毒を好んで飲むようなことをしてはいけません」と注意をされたのは、あの誤った見解に執着することを止めさせようとの目的だったのです。悪いことを行なうことは極楽往生の妨げになる、ということではまったくありません。聖人は「戒律を守ることでしか本願を信ずることができないのであれば、私はどうして迷いの世界を離れることができましょうか」と仰いました。こんな情けない私のような者も、阿弥陀仏の本願にお遇いすることができたからこそ、その本願に甘えたくもなりますよ。でもだからといって、前世に原因のない悪いことは、まさか作られることはないのですよ。また聖人は「海や川で網を引いたり釣りをすることを仕事にする漁師も、野山で獣の狩りを行ない鳥を取って生活の糧にする猟師も、商売をもするし田畑を耕すなどのことをして生活をする人も、生き方によって差がつくのではありません。極楽往生のためにはどのような仕事をしていても、ただもう同じことです」と仰いました。さらに、「そうなるべき前世からの因縁に導かれることですから、善悪どんな行ないでもしますよ」と強調して仰いました。それなのに、近年、ひたすら後世の極楽往生を願っている様子の人が、

「善いことをしている人だけが念仏を称えるように」と言い、または念仏道場に張り紙をして、「何々のことをした人は道場へ入るな」、などとすることがあります。これは外面では立派な仏弟子を装いながら、内面では偽りを抱いているということでしょう。本願に甘えて作ってしまう罪も、前世からの因縁がそうさせているのです。そういうことですので、善いことも悪いことも因縁のしからしむるようにさせて、ひたすら本願をお頼み申し上げるということこそ、他力ということです。聖覚法印の『唯信抄』にも、「阿弥陀仏の力の限界を知っているので、私はそれ以上に罪深く救われ難い、と思っていいでしょうか。いやそのように思ってはなりません」と書かれていたでしょう。本願に甘える気持があってこそ、阿弥陀仏の他力を頼みとする信心も固まることなのですよ。だいたい、悪い行ないや煩悩をすべて断ち切ってから本願を信ずることだけが、本願に甘える思いもなくなっているのでその方がよいのですが、煩悩を断ち切ればすぐさま仏になるということになります。そんなことができるなら、阿弥陀仏の五劫という長期間の本願は意味がないことになるのではないでしょうか。「あなたは本願に甘えて身を慎んでいない」と諭している人たちも、煩悩や汚いものすべてを身につけている様子ではありませんか。それは本願に甘えていることではないでしょうか。どのような悪が本願に甘えることになるのでしょうか。

どのような悪が甘えることにはならないのでしょうか。考えてみると、「本願に甘えるな」などと本願への対応の仕方を問題にするのは思慮が足りないことと思われるのです。むしろ「本願を誇りに思い、甘える」とすることこそ、重要なことです。

【考察】

親鸞の指導　第九章の踊躍歓喜のことでは優しく指導していた親鸞が、一転、今度は厳しく唯円を指導している。その様子がこの第十三章に詳しく示されている。厳しい指導であるけれども、文字どおり行きつく先を指し示した導きであって、親鸞が優れた指導者であることをあらためて思わせる内容である。唯円は自らを例にあげて、親鸞の優しい指導と厳しい指導とを後世に書き残してくれたのである。その内容には、かなり唯円自身の経験に基づく独自性も見受けられる。

一人殺す・千人殺す　親鸞は「私の言う言葉を信じるか」と唯円に尋ねた。唯円は当然「信じます」と答えた。すると親鸞は「それなら私の言うとおりにするね」と念を押した上で、「人を千人殺しておくれ。そうしたら極楽往生は確実」と唯円に言いかける。唯円は、「それはできません」。親鸞「それならどうして私の言うとおりにするといったのだ」、「このことで分かるだろう、人は自分の思うとおりのことができるわけではないのだ。それは前世からの業縁によって決まるのだ」。親鸞の指導である。

普通、信頼している師匠が「私のいうとおりにするね」と弟子に尋ねたら、弟子は「はい、します」と言うであろう。前掲の「千人殺せ」という話は、少し無理な問いかけのようにも思える。が、唯円は、自分と親鸞との関係は親しい中にも厳しさがあるのだと言いたかったようである。

宿業・業縁・宿善・悪業　仏教の基本的考え方の一つは因縁(いんねん)である。ものごとにはすべて原因があり、その原因による結果があるという、因果の論理に基づいている。その結果も、さらにそれが原因となって新しい結果をもたらす。後には直接的原因が因、間接的原因が縁であると解釈されるようになった。ただし、よく言われるところの六道輪廻(ろくどうりんね)の思想は、仏教成立当初から仏教にあるのではなく、仏教が北インドから中央アジアへ展開していく間に外から入ってきた思想である。

因縁に関する用語で、親鸞が使う用語として、宿業(しゅくごう)・業縁(ごうえん)・宿善・悪業などがある。それがこの第十三章に集中的に出てくる。それぞれの意味するところは、次のようである。

業：結果を引き起こす、意思にもとづく行為のこと。

宿業：過去の世で作った善悪の行為の力のこと。

業縁：苦楽の結果を招く因縁となる善悪の行為のこと。業のこと。

宿善：もともとは過去の世で積んだ善根のことであった。親鸞は、信心を得る縁となる阿弥陀仏の人に対する働きのこととした。

悪業：苦の結果をまねく体（身）・口・心（意）の行為のこと。他にも親鸞がよく使っている言葉がある。それは強縁、宿縁などである。

強縁：もともとは仏の強い力のこと。親鸞は、阿弥陀仏の本願（誓願）の力であるとし、それは人が救われる唯一の力とした。『教行信証』総序に、

ああ弘誓の強縁、多生（たしょう）にも値（もうあ）ひがたく、真実の浄信、億劫にも獲がたし。

とある。

宿縁：もともとは過去の世で作った因縁のこと。親鸞は、阿弥陀仏がはるか過去に人々を救おうという本願をたてた縁のこととした。『教行信証』総序に、

たまたま行信を獲（え）ば、遠く宿縁を慶（よろこ）べ、

とある。

業報：結果を生む原因となる行為のこと。

親鸞は、宿業などによって、阿弥陀仏の本願の考え方を唯円に示したかったのである。さらにこの第十三章では「本願ぼこり」について説こうとしている。悪人正機説と同じく、本願ぼこりも第二次大戦後特に有名になった。

本願ぼこり　本願ぼこりとは、「阿弥陀仏の本願ではどのように悪いことをしてもそれが極楽往生の妨げになることはなく、むしろ悪人こそがほんとうに救ってもらえる第一の対象である、だからいくら悪いことをしても救ってもらえる」という考え方である。本願に甘えてしまって、「だから何でもできる、何をしても大丈夫」として罪をも犯すことである。親鸞はこれを、建長四年八月十九日付の書状で、

くすりあり、毒をこのめとさふらはんことは、あるべくもさふらはずとぞおぼえ候。

「薬があるから毒を好きになりなさいなどとは、あってはいいはずがないと思いますよ」と非難している。

また浄土宗の向阿証賢（こうあしょうけん）が元亨年間（一三二一～一三二四）に著わした『帰命本願抄』にも、

本願にほこりてつみを心やすくおもはん人は、はじめは信心あるににたりとも、のちにはたすけ給への心もなくなるべし。よくよくようい（用意）あるべき事なり。

「本願に甘えて罪を作っても問題ないと思う人は、最初は阿弥陀仏への信心があるようにみえますが、のちには助けてくださいという心もなくなってしまうでしょう。しっかりとそんなことないように気をつけなければいけません」と本願ぼこりを非難し、そのようにならないように注意を促している。浄土真宗だけではなく、浄土宗でも本願ぼこりの傾向があったということである。

二つの本願ぼこり　歎異抄第十三章では、本願ぼこりについて二つの見解を載せている。それは第一に、あってはならない本願ぼこりである。ところが、「本願にほこるこゝろのあらんにつけてこそ、他力をたのむ信心も決定しぬべきことにてさふらへ」とある文章を読むと、決して本願ぼこりを否定してはいない。「本願にほこる」という文章も、現代語に訳すと「本願に甘える」とか「本願につけあがる」ということにはならず、「本願を誇りに思い、心からありがたく思う」となるのである。つまり第二の見解は、悪い意味ではない本願ぼこりである。唯円は、すなおに本願をありがたく思う気持が、本来の本願ぼこりだと唯円は主張している。

唯円は、世の中では悪業や煩悩（ぼんのう）が問題になっているけれども、悪業や煩悩を全部なくすことができれば悪い意味の本願ぼこりもなくなろう、それはよいことだ、でもそうしたらその人は仏になるのだから、阿弥陀仏の本願も役に立たなくなってしまう、と言う。また本願ぼこりを非難している人たちだって、無数の煩悩と不浄を持っているでしょう。その人も本願を大切にしているのであるから、本願ぼこりになっているではないか。「あの人は本願ぼこり、この人も本願ぼこり、でも私は違う」などとはいえないはずだ。「本願ぼこり」などと他人を責めるのは心が幼い。誰に他人を責める資格があろうか、自分を振り返ろうではないかと唯円は説いている。本願を誇る、つまりは大切にしようと思うことは重要なのだというのである。

河和田に住む人々　阿弥陀仏は救う対象を選ばない。特に、心ならずも悪業を積み重ねている者も、それは前世からの因縁によって行なわざるを得ない状況なのである。たとえば「うみかわにあみを引き、つりをしてよをわたるものも、のやまにしゝをかり、とりをとりていのちをつぐともがらも、あきなゐをもし田畑をつくりてすぐるひとも、たゞおなじことなり」という、社会の下層にいるように見える人も、救われる対象としてはまったく同じであるとする。

「あきなゐをもし田畑をつくりてすぐるひと」は、江戸時代の士農工商のように、商人と農民に分けられるのではない。農民が手作業で作った品物を、月に三回が普通の市にもっていって売る。それが「あきなゐ」である。まだ専門の商人が店を構え、あるいは商業のみで生活できる社会には至っていなかった。右の引用部分を見ても、「うみかわに…ものも、のやまに…ともがらも、あきなゐ…ひとも」と三種類の人たちをあげているだけで、「あきなゐ…」と「田畑…」を職業として分けていない。三種類とは、漁師・猟師・農民兼商人である。

福岡市　（備前国—岡山県）『一遍聖絵』より．清浄光寺歓喜光寺蔵．

福岡市は中国地方で特に賑わっていた市である．図は布の売買をしているところ．市にはさまざまな人が集まってきた．

前述した河和田の塩街道を通る商人も、商売だけで生活しているのではなく、農地を持ち、塩を作る塩浜を持ち、場合によってはそれらを支配する武士が、海岸産出の商品を運んでいるのである。当然、漁師や猟師にも同じことが言える。私たちはつい、江戸時代の士農工商の概念で鎌倉時代の人たちの生き方を思ってしまうのである。前述のように唯円の河和田の念仏道場は、まさにこれら漁師・猟師・農民兼商人が集う所だった。

バクチの流行　また『吾妻鏡』仁治二年（一二四一）五月二十八日条に次の記事がある。

鶴岡職掌の常陸国井住人悪別当家重、博奕の科に依りて神職を解かる。（原漢文）

「鶴岡八幡宮の神職の一つを担当している、常陸国国井の領主である悪別当頼重が、バクチの罪で神職を解任されました」、という内容である。国井は那珂川の北岸で那珂東郡に属する土地である。河和田から北に七キロ程度の所である。

また『吾妻鏡』建長二年（一二五〇）十一月二十八日条に、

放遊浮浪の士、事を雙六に寄せて四一半を好み、博奕を事と為す。なかんずくに陸奥・常陸・下総、此の三ヶ国の間、殊に此の態盛んなり。風聞の説有るに随って今日驚きの御沙汰あり。自今以後においては、囲碁の外、博奕に至るは、一向停止すべきの由、仰せ出さるる所なり。陸奥国留守所兵衛尉・常陸国宍戸壱岐前司・下総国千葉介等に制禁を加べきの由、各仰せの旨を含めらる。

「住居を持たずに各地を遊びまわっている者たちは、雙六をすると言って四一半を好んでバクチに生きている。特に陸奥・常陸・下総の三ヶ国で盛んである。このことをお聞きになって将軍は驚かれた。これから囲碁はともかく、それにかこつけたバクチは一切禁止すると命ぜられた。バクチを禁止するよう、陸奥国については陸奥国留守所の兵衛尉、常陸国については宍戸壱岐前司、下総国については千葉介に指示した」と記されている。宍戸氏は、これまた河和田から西方、十キロほどの至近距離にある宍戸を本拠地にしていた。そして宍戸氏は、摂関家である九条家の領地小鶴荘（こつるのしょう）を現地で支配する地頭であった。やがて小鶴荘は宍戸荘と呼ばれるようになっていく。

囲碁は現在の囲碁（碁）とは異なっている。碁盤の両側に座り、碁盤に二列のコマをそれぞれ並べて、相手の陣営に先に全部が入ったら方が勝である。そのさい、二つのサイコロを振って、出た目の数を合わせ、その数だけコマを進ませる。現在ならば子どもの遊びといったところであるが、平安時代から鎌倉時代にかけては貴族を中心にして大流行した。それをバクチに使う人たちもいたのである。

ただし、それでは勝負に時間がかかるので、二つのサイコロだけで一度に決着をつけるバクチが考え出されて、流行するようになった。そのうち、一つのサイコロの目が四、もう一つが一ならば、掛け金の半分を胴元が取る、という仕組みもできあがった。これが四一半である。

後白河法皇が編纂した『梁塵秘抄（りょうじんひしょう）』に、バクチ打ちについての、わが子は二十になりぬらん、博打（ばくち）してこそ歩（あり）くなれ、国々の博党に、さすがに子なれば憎（にくふ）かなし、負（まかひ）いたまふな、王子の住吉・西の宮

「私の子は二十歳になったと思います。住所不定、バクチを打って歩いているのです。各地のバクチ打ちと勝負をしています。バクチは善くないと思いますけれども、やはり我が子ですので憎らしいけれども見捨てられません。王子にある住吉神社（大阪市住吉区）の神様、西宮神社（兵庫県西宮市）の神様、私の子を負けさせないでください」などという今様（いまよう）を載せている。バクチ打ちは放浪の生活だったのである。

バクチ打ちは河和田の道場池付近の宿や市にも集まって来たのではないか、唯円はそのような人たちとも接触していたのではないか、という推測である。

歎異抄第十四章

一念に八十億劫の重罪を滅すと信ずべしといふこと。この条は、十悪五逆の罪人、日ごろ念仏をまふさずして、命終のとき、はじめて善知識のをしへにて一念まふせば、八十億劫のつみを滅し、十念まふせば十八十億劫の重罪を滅して往生すといへり。こ

れは十悪五逆の軽重をしらせんがために一念十念といへるか。滅罪の利益なり。いまだわれらが信ずるところにをよばず。そのゆへは、弥陀の光明にてらされまひらするゆへに、一念発起するとき金剛の信心をたまはりぬれば、すでに定衆のくらゐにおさめしめたまひて、命終すればもろ〳〵の煩悩悪障を転じて、无生忍をさとらしめたまふなり。この悲願ましまさずは、かゝるあさましき罪人いかでか生死を解脱すべきとおもひて、一生のあひだまふすところの念仏は、みなこと〴〵く如来大悲の恩を報じ徳を謝すとおもふべきなり。念仏まうさんごとにつみをほろぼさんと信ぜんは、すでにわれとつみをけして往生せんとはげむにてこそさふらうなれ。もししからば、一生のあひだ、おもひとおもふこと、みな生死のきづなにあらざることなければ、いのちつきんまで念仏退転せずして往生すべし。たゞし、業報かぎりあることなれば、いかなる不思議のことにもあひ、また病悩苦痛をせめて正念に住せずしてをはらん、念仏まふすことかたし。そのあひだのつみをばいかゞして滅すべきや。つみきえざれば往生はかなふべからざるか。摂取不捨の願をたのみたてまつらば、いかなる不思議ありて罪業をおかし、念仏まふさずしてをはるとも、すみやかに往生をとぐべし。また念仏のまふされんも、たゞいまさとりをひらかんずる期のちかづくにしたがひても、いよく〳〵弥陀をたのみ、御恩を報じたてまつるにてこそさふらはめ。つみを滅せんとおもはんは自力のこゝろにして、臨終正念といのるひとの本意なれば、他力の信心なきにてさふらうなり。

【現代語訳】臨終の時、一声（ひとこえ）念仏を称えれば、八十億劫というとてつもなく長い間迷いの世界を生まれ変わり死に変わりしなければならない重い罪を消してくれる、と信ずるということについて。これは、仏教における十の悪いことや五つの極めて重い罪を作り続けている罪びとが、ふだんは念仏をとなえていないのに、臨終の時に初めて指導者の教えに従って一回の念仏を称えれば、八十億劫の十倍もの重い罪を消して極楽往生するというのです。これは、十悪五逆というとても重い罪をわからせるために、念仏を一回称えればいいとか十回称えれば大丈夫とか持ち出したのでしょう。念仏には罪を消してくれるありがたい働きがあるというのです。念仏についてこのような働きを信ずることは、私たちが信じている他力の念仏にはかないません。なぜなら、阿弥陀仏の慈悲の光に照らしていただいたおかげで、さっと信心が起きる時、それはとても固い信心をいただいたのですから、もう極楽往生することに正しく定まった地位に登らせて下さっていますので、この世での命がなくなれば、極楽往生の妨げとなるさまざまな欲望や障害を変えて、さとりの境地に至らしめてくださるのです。このような阿弥陀仏が慈悲の願いを立てて下さっていなければ、私のように情けない罪びとは、どのようにして生まれ変わり死に変わりする迷いの世界を離れ、悟りの境地に入れることだろうかと感謝し、自分の一生の間に称える念仏は、すべて、全部、阿弥陀如来の大きな慈悲の恩とその徳に感謝し報いるための行ないであると思いましょう。念仏一声ごとに罪を滅ぼすだろうと信じるのは、あぶなく自分で自分の罪を消して極楽往生しようと努力することになってしまいますよ。もしそういう念仏を称えるということならば、一生の間に考えることはすべて、生き変わり死に変わりする迷いの世界に結びつける綱でないことはありませんので、臨終まで念仏を称え続ければ極楽往生するでしょう。しかし前世の行ないによってこの世での行動は制約されてしまいますから、現実には臨終まで念仏を称え続けられず、あなたにとってはどのような思いもよらないことが起きて、あるいは病気の悩みや痛さの苦しみが身を責め、穏やかに念仏ができない状態で息を引き取ることになるかもしれません。そうしましたら臨終に念仏を称えることは難しいでしょう。その、念仏を称えられない期間の罪はどのようにして消しましょうか。できないでしょう。罪が消えなければ、極楽往生はできないではありませんか。阿弥陀仏の、人々を救い摂って捨てないという願を信じて頼りにすれば、どのような思いがけないことがあって罪の行ないをして念仏を称えられなくて臨終を迎えても、すぐさま極楽往生ができるでしょう。念仏を称えることができるについても、まもなく極楽往生してさとりがひらけるであろう臨終の時が迫ってくるについても、ますます阿弥陀如来を頼りにし、阿弥陀如来の御恩に報いる行ないとして念仏を称えることになるのではないでしょうか。罪を消そうと思うのは自力の気持をもとにしており、臨終に正しく念仏を称えて往生したいと祈っている人の本心ですから、それは他力の信心ではないのです。

【考察】

臨終正念の否定　平安時代後期から鎌倉時代の貴族たち、さらにはその宗教観の影響を受けた人たちの間では臨終正念ということが重視されていた。それは念仏はその一回一回で、自分が犯した無量の罪を滅してくれる、消してくれるという考えに基づいていた。「一念まうせば八十億劫の罪を滅し、十念まうせば十八億劫の重罪を滅して往生す」という文のように、まさに「滅罪の利益」が期待できるものであった。念仏を称えるのは臨終の一瞬、息を引き取る時まで必要なことであった。その一瞬に念仏を称えそこなったならば、その瞬間に作るかもしれない罪によって極楽往生をし損ねる可能性が大なのである。臨終正念とは、その最後の一瞬に正しく念仏を称えることをいう。それなら必ず極楽往生できるのである。

ただ、臨終のころに重病で念仏を称えられなかったらどうするのか。意識がなくて息を引き取ることもある。その場合には極楽往生できないことになる。「業報かぎりあることなれば」とあるように、臨終正念でありたいと願っていても、前世の行ないの悪さによってそれができないことになっているかもしれないのである。

阿弥陀仏の摂取不捨の願を信じて念仏を称えれば、前世の業報には無関係に救ってもらえる。臨終正念を捨てて本願を信じよう。そして確実に救われることへの感謝の念を込めて念仏を称えよう。このように、親鸞の意を受けた唯円は説いている。

感謝と報謝　浄土真宗の中では、報恩謝徳または報謝はよく知られた言葉である。その意味は、阿弥陀仏の恩に感謝し、それに報いよう、お返しをしようということである。念仏は阿弥陀仏への報恩謝徳、報謝の行ないであるというのである。

ところで報謝という言葉は、必ずしも現代の日本で一般的に使用されているわけではない。報謝に代わる現代語は「感謝」であろう。誰かから恩を受け、また誰かのお世話になった時、私たちは「ありがとう」と「感謝」する。「感謝」は「お礼の気持を、声に出してあるいは心の中で示すこと」である。恩を受け、世話になっても、すぐさまお金あるいは品物、さらには行動で報いなければいけないとは考えない。かなりの期間が過ぎてから、お中元あるいはお歳暮などで感謝の意を示すことはある。それでも、それはさりげなく謝意を表するのであり、その品物に「お世話になりました」と書いた手紙は添えても、「あなたの恩に報いました」などと書くことはない。

ところが親鸞と唯円の鎌倉時代はそうではない。感謝の気持の表現だけではなく、はっきりと「恩に報いる」と表現し、行動を伴わせていたのである。

鎌倉時代の武士の主人と家来の結びつきは封建的主従関係と呼ばれている。主人が家来に御恩を与え、家来はそれを受けて主人に奉公をする。御恩と奉公の関係である。御恩がなければ奉公はなかった。それは家来となろうとする者が選ぶことができた。阿弥陀仏の本願の念仏も同様である。それを信じるかどうかは人々に任されている。歎異抄第二章に、京都に帰っていた親鸞が関東から訪ねてきた門弟たちに、「愚身の信心にをきてはかくのごとし。このうへは念仏をとりて信じたてまつらんとも、また、すてんとも、面々の御計なり」と言ったのは、まさにこのことを意味している。

『古今著聞集』の報謝　鎌倉時代には「感謝」という言葉はない。使われていたのは「報謝」という言葉だけである。例えば、建長六年（一二五四）成立の『古今著聞集（ここんちょもんじゅう）』巻第二

の三六「横佩大臣女当麻寺曼荼羅を織る事」に

　深く件の恩をしりて、よろしく報謝すべし。

などとある。

『一遍聖絵』の報謝　また正安元年（一二九九）成立の『一遍聖絵』第十二第三段に、次のようにある。『一遍聖絵』は一遍の門弟の一人である聖戒が制作した伝記絵巻である。一遍はその十年前の正応二年（一二八九）に亡くなっている。

　まさにいま遺恩をになひて報謝しがたく、往時をかへりみて忘却することをえず。

「ほんとうに、亡くなられた一遍上人からいただいた恩は非常に大きく、それにお返しすることができないほどです。また存命のころを思い出すと、とても忘れ去ることはできません」。そしてさる人の勧めで伝記絵巻を制作することにしましたと結んでいる。

日蓮の『報恩抄』　報謝のもとになるのは報恩を強調する考え方である。この考え方に基づく行動も鎌倉時代にはよく行なわれていた。建治二年（一二七六）、日蓮は『報恩抄』という長文の書き物を作って、安房国清澄山の門弟に送っている。その中に次のような文章がある。

　仏教をならはん者の、父母・師匠・国恩をわするべしや。此の大恩をほう（報）ぜんには必ず御法をならひきはめ、智者とならで叶（かなふ）べきか。

「仏教を学ぶ者は、父母・師匠・国王の恩を忘れてよいものだろうか。その大きな恩に報いるためには、絶対に教えを残るところなく身につけ、さとりをひらかなければならないでしょう」。

さらにまた鎌倉幕府の記録である『吾妻鏡』にも「報謝」という言葉は散見する。親鸞は、社会一般で普通に使われていた言葉を使って教えを説いたからこそ、多くの門弟を得たのである。

恩徳讃　康元二年（一二五七）、八十五歳の親鸞は『正像末浄土和讃（しょうぞうまつじょうどわさん）』全五十八首を制作し、その最後を次の一首で結んだ。

如来大悲の恩徳は
身を粉（こ）にしても報ずべし
師主知識の恩徳も
ほねをくだきても謝すべし

「阿弥陀如来の大慈悲のおかげで与えられた恵みは、からだを粉になるほどの働きでお返しをしましょう。師匠や仲間たちからの恵みも、骨が砕けるほどの働きでお礼の気持を表わしましょう」。

聖覚の『表白文』　「身を粉にしても」「ほねをくだきても」の文は親鸞の独創ではない。法兄聖覚の『表白文（ひょうびゃくもん）』に示されている文章がもとになっている。

法然が建暦二年一月二十五日に亡くなり、その四十二日の法要が行われた時、聖覚は『表白文』を著わして亡き師匠への報恩謝徳の思いを墓前に捧げたのである。その中に、

倩（つらつら）教授の恩徳を思へば、実に弥陀の悲願に等しきものか。骨を粉（こ）にして之を報ずべし。身を摧（くだ）きて之を謝すべし。

「よくよく法然聖人に教え授けていただいたご恩の恵みを思ってみると、まことに阿弥陀如来の慈悲の本願に同じではないかと思えます。その御恩に対して、自分の骨が粉になってしまうほど働いてお返しをしましょう。また自分の体の関節が捻挫するほど感謝の意を表わしましょう」とあるのが「恩徳讃」のもとになった文である。

親鸞の和讃は七五調で作られているので、それに合わせるために二行目と四行目に「も」を入れたと推定されるけれども、この「も」が入ったことによって柔らかい表現になり、唱和しやすくなったと言えよう。

それにしても、親鸞五十九歳の時に聖覚の『唯信抄』を書写し、七十八歳の時には『唯

信抄』の解説書ともいうべき『唯信抄文意』を著わし、最晩年に近い八十五歳の時には『正像末浄土和讃』の最後を『表白文』をもとにした「恩徳讃」で締めくくったことは重要である。親鸞は聖覚へ変わらぬ崇敬心を持ち続けたのである。

消えない臨終正念の世界　親鸞の後を受け継ぐ人たちの中で、臨終正念の世界は跡形もなく、完全に消え去っていたであろうか。少し詳しく検証してみよう。

臨終正念でほんとうに極楽往生できたのかどうか、遺族や周囲の者は不安である。そのためであろう、往生できた場合には次の四つの瑞相が現われるとされていた。

①　空に五色の雲がたなびく。
②　空中から妙なる音楽が聞こえてくる。
③　よい香りが漂ってくる。
④　遺族や周囲の人が、該当者が極楽にいるという夢をみる。

この四つの瑞相は、必ずしも四つ全部がそろっていなくてもよかった。一つでもよかったのである。『平家物語』によれば、平清盛は極楽に往生できず、地獄に堕ちたとされた。そのことは清盛が地獄に堕ちているという夢を見た人がいるから間違いない、などと同書にある。

親鸞の本願の念仏は滅罪の念仏ではない。臨終正念とは無関係である。ところが恵信尼書状第三通で、恵信尼は娘の覚信尼に次のように書き送っている。

されば御りんずはいかにもわたらせ給へ、うたがひ思ひまいらせぬ、

「ですから、あなた（覚信尼）のお父様（親鸞）の臨終のご様子がどのような状態であっても、私は極楽往生は疑っておりません」。

覚信尼坐像　千葉県野田市常敬寺蔵. 覚信尼は東国門徒の協力で京都東山に親鸞廟を建てた.

覚信尼は親鸞臨終の様子を見て極楽へ往生できたかどうか不安だったのである。臨終正念でなかったか、あるいは瑞相が現われなかったということで、その不安を母の恵信尼に告げたと推定される。前掲の恵信尼書状第三通はそれに対する恵信尼の返答の部分である。太政大臣久我通光（こがみちみつ）の屋敷に仕えていた覚信尼は、親鸞の娘であるとはいえ、貴族の臨終正念を理想とす

る世界に住んでいたようである。

如信と瑞相　覚如の高弟乗専が制作した『最須敬重絵詞』第六巻第二十一段に、次の文がある。如信が正安元年（一二九九）正月二日から病床に伏してから、

> 異香室の中に薫じ、音楽窓の外に聞こゆること、二日二夜のあひだ耳鼻にふれて間断（けんだん）なし。かくて同四日巳時（みのとき）に正知正念にして、つゐにいき止給ぬ。近隣の輩は瑞雲に驚てのぞみまうで、遠邦の族は霊夢を感じてはせあつまる人おほかりけり。

「よい香りが病室の中にただよい、音楽が窓の外から聞こえてくることが二日二夜、鼻と耳で絶え間なく感じられました。そのようにして同じく四日の巳の時に如信上人は臨終正念で息が止まられました。付近の人たちは紫の雲が現われたのに驚いて集まり、遠くの人たちは極楽往生の夢を見て駆けつけてきました」という状態であった。

如信は臨終正念（正知正念）で、前掲瑞相が四つ全部現われたと従覚は述べている。覚如の二男従覚の制作した『慕帰絵』第十巻には、如信の入滅について、

> さても不思議を現ぜしは、発病の日より終焉の時に至るまで始中終三ヶ日ほど蒼天を望に紫雲を拝するよし、所々より告（つげ）しめす。

と前期瑞相の①が各所であったと記している。あわせて、荼毘（だび）に付して後の遺骨収集の時

には、

白骨一々に玉と成て仏舎利のごとく五色に分衛す。これをみる人は親疎ともに渇仰して信伏し、これを聞人は都鄙みな乞取て安置す。

「如信上人の遺骨は一つ一つが玉になり、仏舎利のように五色に分かれていました。これを見た人は、上人と親しいとそうでないとに拘わらず深く感動しました。このことを聞いた人は、都会の人でも農村の人でも、皆が遺骨をいただいて大切にしまいました」という状態であったとしている。それも瑞相であろう。釈迦信仰と結びつけている。

覚恵と瑞相　『最須敬重絵詞』第六巻第二十三段には、覚如の父覚恵の臨終の前のこととして次のようにある。徳治二年（一三〇七）四月のことである。

殊勝の異香薫じける、

「すばらしい、珍しい香りがただよいました」。そして、

さて病者、われをいだきあげよ、おきんとの給ければ、看病の人々よりておこしたてまつるに、西に向て端坐し念仏百余遍のどかに唱て、その息にて終(おわり)給にけり。（中略）紫雲たなびけり。

「病人（覚恵）は、抱き上げてくれ、起きる、と言われましたので、看病している人た

ちは近寄って起こして差し上げましたところ、西に向かってきちんと坐り、念仏を百回あまり穏やかに称え、そのまま息を引き取られました。紫雲がたなびきました」。ここに前掲の瑞相③と①が示されている。

覚如と瑞相　覚如も、臨終の数日前に三日間紫雲がたなびいたという。『最須敬重絵詞』第七巻第二十八段に、

紫雲空にそびく。

「紫雲が空に聳え立ちました」とある。観応二年（一三五一）一月のことである。あわせて、亡くなってからの茶毘・収骨の時に、遺骨が、

或は白玉の色なるもあり、或は碧玉のひかりなるもあり。かたきこと金剛のごとくして、さながら仏舎利にことならず。

「覚如の遺骨は白い玉のような色や、青い色に光っているものもあり、ダイヤモンドのように固くて、まるで仏舎利のようでした」という瑞相を示したという。

『慕帰絵』『最須敬重絵詞』によれば、如信・覚恵・覚如いずれも臨終に瑞相があり、覚恵は臨終正念であった。全員が親鸞の教えを受けたとしている人たちである。たとえて言えば、机の前に座って書く教学書と、日常生活とは異なっている部分があるということで

あろうか。これら両方をどのように総合的に把握するか、今後の研究課題である。

歎異抄第十五章

煩悩具足の身をもて、すでにさとりをひらくといふこと。この条、もてのほかのことにさふらう。即身成仏は真言秘教の本意、三蜜行業の証果なり。六根清浄はまた法花一乗の所説、四安楽の行の感徳なり。これみな難行上根のつとめ、観念成就のさとりなり。来生の開覚は他力浄土の宗旨、信心決定の通故なり。これまた易行下根のつとめ、不簡善悪の法なり。おほよそ今生においては煩悩悪障を断ぜんこと、きはめてありがたきあひだ、真言・法花を行ずる浄侶、なをもて順次生のさとりをいのる。いかにはんや。戒行恵解ともになしといへども、弥陀の願船に乗じて生死の苦海をわたり、報土のきしにつきぬるものならば、煩悩の黒雲はやくはれ、法性の覚月すみやかにあらはれて、尽十方の无碍の光明に一味にして、一切の衆を利益せんときにこそ、さとりにてはさふらへ。この身をもてさとりをひらくとさふらふなるひとは、釈尊のごとく、種々の応化の身をも現じ、三十二相・八十随形好をも具足して、説法利益さふらふにや。これをこそ今生にさとりをひらく本とはまふしさふらへ。和讃にいはく、金剛堅固の信心の、さだまるときをまちえてぞ、弥陀の心光摂護して、ながく生死をへだてけるとはさふらうは、信心のさだまるときに、ひとたび摂取してすてたまはざれば、六道に輪廻すべからず。しかれば、ながく生死をばへだてさふらうぞかし。かくのごとくしるをさとるとはいひまぎらかすべきや。あはれにさふらうをや。浄土真宗には、今生に本願を信じてかの土にしてさとりをばひらくとならひさふらふぞ、とこそ故聖人のおほせにはさふらひしか。

【現代語訳】すべての欲望を持ったままでさとりを得るという話がありますが、これはとんでもないことです。人がそのままでさとりを得て仏になるというのは、真言密教の意図するところで、身体で印を結び、口で真言を唱え、心で本尊を観ずることの成果です。眼・耳・鼻・舌・身・意という体を構成する六つの器官をきれいにし、理想的な状態にするというのは、すべての人々にさとりを得させようとする法華経に説かれていることで、四つのすばらしい修行方法の成果です。これらはすべて、自力によるむずかしい修行が可能な、能力の高い人が行なうことで、智慧によって仏とその浄土を観じて得られるさとった世界です。次の世でさとりを開くということは、他力の阿弥陀信仰の中心の考えです。

それは信心によってさとりが確実となるという考えです。次の世でさとりを開くというのは、能力のない者が行なうべきことで、善人であると悪人であるとを区別しない他力の教えです。だいたいこの世においては、さとりを妨げる欲望や障害を断ち切ることはとても困難です。それで真言密教や法華経を修行する僧侶たちでさえ、次の世でのさとりを求めています。能力のある僧侶たちであってもそうなのです。まして私のように能力がとても低く、次の世でのさとりを願っている者がこの世でさとりを得るなどと言えるでしょうか。とても言えません。私は戒律を守って修行する能力も、智慧(ちえ)によって正しいさとりを得る能力もともにありません。でも阿弥陀仏の本願の船に乗ってこの迷いの海を渡って浄土の岸に着くことができれば、欲望の黒い雲がさっと消えて晴れわたり、真実のさとりを示す月がとても早く出現し、十方に遮るものなく届く阿弥陀仏の光と一緒になって、すべての人々の助けになろうとする時こそ、さとりというものでしょう。自分でわが身にさとりを開くと言っている人は、釈尊のように人々を救うさまざまな姿を取ることができ、仏の特色である三十二の大きな身体的特徴と、同じく八十の小さな特徴も持ち、説く教えにありがたい効果があるのでしょう。このような能力を持つことこそ、この世でさとりを開く模範ということでしょう。親鸞聖人の『高僧和讃』善導大師の項に次のようにあります。

「この上なく固い信心が定まる時を待っていて下さって、阿弥陀仏の目には見えない大慈悲心の光が私を救い摂って守ってくださり、永遠に迷いの世界から引き離して下さった」。阿弥陀仏は、信心が定まった時にひとたび救って下されば決してお捨てになることはありませんので、もう地獄などの六つの世界を廻り続けることはありません。そういうことなので、生まれ変わり死に変わりする迷いの世界とは縁が切れるでしょう。このように理解するのをさとりであるなどとごまかしてはいけません。勘違いしているのは気の毒なことではありませんか。「浄土真宗においては、この世で阿弥陀仏の本願を信じて、次の世の阿弥陀仏の浄土でさとりを開くのだ、と学びました」と亡くなられた親鸞聖人は強調されましたことですよ。

【考察】

今生では本願　第十五章では煩悩具足・本願（誓願）・往生・さとり、さらには今生（現世）と来生（来世）などに関する話が出てくる。唯円はこれらのことについて、自分の門弟たちから質問されることも多かったであろう。自分の体験や周囲の人たちの様子からしても、人は煩悩具足であり、今生でのさとりは誰でもどのように難行苦行しても無理、それだから今生では本願にもとづいて生きようではないかと、この第十五章で再確認してい

る。正嘉元年（一二五七）十月十日付の性信宛ての親鸞書状に、

信心をえたるひとは、かならず正定聚のくらゐに住するがゆへに、等正覚のくらゐとまふすなり。

「信心を阿弥陀仏からいただいた人は、間違いなくさとりをひらいて仏になることが決まっている人の立場にいることになるので、それをさとりを開いたに等しい人の立場というのです」とあり、同じ書状で、

浄土の真実信心のひとは、この身こそあさましき不浄造悪の身なれども、こゝろはすでに如来とひとしければ、如来とひとしとまふすこともあるべし。

「本願のほんとうの信心を得ている人は、体は驚くべき汚い煩悩を作りだしている体ですが、心はもう如来と同じですので、如来と同じということもあるでしょう」と述べている。

『正像末浄土和讃』にも、

真実信心うるゆへに
すなはち定聚にいりぬれば
補処の弥勒におなじくて

　無上覚をさとるなり

「ほんとうの信心を得たことにより、すぐに正定聚になりますので、仏の候補者である弥勒菩薩と同じで、次の世ではこの上ないさとりを得ます」などとある。

「正定聚」というのは、親鸞のこの世での理想の境地である。「次の世で正しいさとりが得られると定まった人びと」という意味である。弥勒菩薩は菩薩であるからさとりを目ざして修行しているのであるけれど、『弥勒上生経（みろくじょうしょうきょう）』『弥勒下生経』『弥勒成仏経』等によれば、すでにさとりを得て如来（仏）になることが決まっている。それで弥勒菩薩は正定聚に存在していることになる。弥勒如来は親鸞の望む理想のあり方を示すよい手本なのである。

以上と趣旨は同じながら、唯円は「今生では本願、来世でさとり」と単純化し、ただし丁寧に人々に説明しているようにみえる。

金剛堅固の信心　いくら阿弥陀仏の本願を信じようとしても、「自分が正定聚のくらゐ」にいると思い続けるのは実際のところなかなか難しいものと思われる。この歎異抄第十五章で引用している『高僧和讃』善導大師の項に載せる全二十三首のうち、第十四首に「真実徹到するひとは金剛心なりければ」、第十五首に「金剛の信心」そして第十六首に「金剛堅固の信心」と、信心という言葉に「金剛」「金剛堅固」という言葉をかぶせている。金剛とは、非常に固くて壊れないという意味である。金剛石といえばダイヤモンドのことで、略して金剛ともいう。堅固は金剛と同じ意味である。したがって金剛堅固とは同じ意味の熟語を二つ重ねたことになる。強調するためである。

信心は定まりにくく、定まったと感じてもまた動揺することが多かった。それで信心に「金剛」「金剛堅固」をかぶせて、その境地に到ることを理想としたのである。それは親鸞・唯円の時に至ってそのようになったのではなく、すでに中国の善導（ぜんどう）（六一三〜六八一年）の昔からであった。

歎異抄第十六章

信心の行者、自然にはらをもたて、あしざまなることをもおかし、同朋同侶にもあひて口論をもしては、かならず回心すべしといふこと。この条、断悪修善のこゝちか。一向専修のひとにおいては、回心といふこと、たゞひとたびあるべし。その回心は、日ごろ本願他力真宗をしらざるひと、弥陀の智慧をたまはりて、日ごろのこゝろにては往生かなふべからずとおもひて、もとのこゝろをひきかへて、本願をたのみまひらするをこそ回心とはまふしさふらへ。一切の事に、あしたゆふべに回心して、往生をとげさふらうべくば、ひとのいのちは、いづるいき、いるほどをまたずしてをはることなれば、回心もせず、柔和忍辱のおもひにも住せざらんさきにいのちつきば、摂取不捨の誓願はむなしくならせおはしますべきにや。くちには願力をたのみてまつるといひて、こゝろにはさこそ悪人をたすけんといふ願不思議にましますといふとも、さすがよからんものをこそたすけたまはんずれとおもふほどに、願力をうたがひ、他力をたのみまいらするこゝろがけて、辺地の生をうけんこと、もともなげきおもひたまふべきことなり。信心さだまりなば、往生は弥陀にはからはれまいらせてすることなれば、わがはからひなるべからず。わろからんにつけても、いよ〳〵願力をあおぎまひらせば、自然のことはりにて、柔和忍辱(にんにく)のこゝろもいでくべし。すべてよろづのことにつけて、往生には、かしこきおもひを具せずして、たゞほれ〴〵と弥陀の御恩の深重なること、つねはおもひいだしまひらすべし。しかれば念仏もまふされさふらう。これ自然なり。わがはからはざるを自然とまふすなり。これすなはち他力にてましまます。しかるを自然といふことの別にあるやうに、われものしりがほにいふひとのさふらふよしうけたまはる。あさましくさふらう。

【現代語訳】阿弥陀仏の本願を信じて念仏を称えている人が、何かの事情で腹を立て悪事をしたり、信心の仲間に会った時に口喧嘩(くちげんか)などをしたならば、必ず廻心し心を改めなければいけないという話があります。この話は、悪いことを止めて善を行いなさいという趣旨なのでしょうか。専修念仏者には、廻心ということはただ一回だけのことです。この廻心は、ふだん、本願の他力の真意を知らない人が、阿弥陀仏から信心についての智慧をいただき、いままでの自力の心では極楽往生という目的が達成できないと思い、従来からの心を完全に変えて、本願にお願いしようとすることこそを廻心と言うのですよ。すべてのことについて一日中廻心していれば極楽往生できるなら、人の寿命は短く終わってしまうものなので、廻心もせず、心穏やかに侮辱・迫害などにも耐え忍べる境地にも至る前に臨終を迎えてしまったなら、阿弥陀仏の救い摂って捨てないという誓いは虚しいことになってしまうのではないでしょうか。口では本願の力をお頼みすると言って、心では悪人を救おうという願は非常にすばらしいと思っても、そうは言っても善人をこそお助けになるのでしょうと思ってしまいますと、本願の力を疑ってしまうことになります。そして他力の救いを疑問に思い、頼みにしようという気持が欠けてしまいます。すると極楽浄土のはずれに生まれてしまうということを、もっとも嘆かわしく思っていただきたいものです。信心が固まりましたならば、極楽往生は阿弥陀仏が手はずを整えてさせてくださることですので、あなたが自分の判断で行なうべきことではありません。自分が悪いことを行なってしまっているからなおのこと、さらに本願の力におすがりすれば、その力によって自ずから心穏やかになり侮辱・迫害などにも耐え忍べる境地にもなっていくでしょう。どんな場合であっても、全部、極楽往生については自分のこざかしい判断をせずに、ただもううっとりと阿弥陀仏が与えて下さっているご恩が深く重いことを、いつもいつも思い出しましょうよ。そうすれば念仏も口をついて出てきます。これは自ずからそうなる、自然のことなのです。往生のための工夫を自分ではしないというのを、自然というのです。これがとりもなおさず阿弥陀仏の他力ということなのです。それなのに、自然ということは他力とは別に存在する、と知ったかぶりをして説く人がいると聞きました。嘆かわしいことです。

【考察】

二つの廻心　世の中では、何か悪いことをしたと思い反省して心を改めることを、廻心と言っている。けれど、いちいち心を改めた結果で極楽往生できるなら、最後に改める前に臨終になったらどうするのか。その廻心は念仏の行者の廻心ではない。従来の心を変えて阿弥陀仏にお頼みしようと思った時が廻心なのだ、と唯円は主張する。現代の用語でいえば、真宗では廻心（回心、えしん）、キリスト教では念仏の行者とほぼ同じ心の働きを回心（かいしん）、悪いことをしたという反省に基づく心の動きが改心（かいしん）ということになる。

二つのさとり　さとりは、普通の考え方では一回しかない。ところが中国南宋の看和禅の大成者である大慧宗杲は、

大悟は二十八遍、小悟はその数を許らず。

「大きなさとりは二十八回、小さなさとりは数えきれないです」と言ったと、同じく中国の雲棲袾宏（一五三五～一六一五年）の『竹窓二筆』にある。これは、一気にさとるのはむずかしい、少しずつ積み重ねて本格的なさとりに至ろうという考え方に基づく。この考えは日本にも伝わり、現代でもこの考えに基づいて座禅修行をしている人たちもいる。

顕智坐像　栃木県真岡市専修寺蔵．顕智は，真仏に続く真宗高田派第三世．親鸞の教えを受け，その入滅に当たっては覚信尼とともに葬儀を執り行なった．

なお、看和禅というのは、座禅の際に公案（質問、テーマ）を頭に置き、その公案の答えを見つけるべく組む禅のことである。公案とは、例えば「隻手の音、如何」などがある。これは「両手で手を叩けば、パチンという音がする。では隻手（片手）で叩けばどのような音が出るか」という内容である。この公案の答えを求めて座り続けるのである。公案は数百種類以上ある。

自然法爾　親鸞は八十六歳の時、下野国高田から訪ねてきた顕智に「自然法爾」ということについて語っている。それを顕智が聞き書きの形で残していて、親鸞最晩年の思想として知られている。そこには、まず最初に、

自然といふは、自はおのづからといふ、行者のはからひにあらず、しからしむといふことばなり。然といふは、しからしむといふことば。行者のはからひにあらず、如来のちかひにてあるがゆへに。法爾といふは、この如来のおむちかひなるがゆへに、しからしむるを法爾といふ。

「「自然」というのは次のような意味です。まず「自」とは「手を加えずに」「ひとりでに」という意味で、念仏の行者の自力ではなく、「誰も手を加えないのに、ひとりでにそうなる」という意味の言葉です。「然」というのは、同じく「誰も手を加えないのに、ひ

とりでにそうなる」という意味の言葉です。念仏行者の自力で行なったことではなく、阿弥陀如来の誓願によってそのようになるのです。「法爾」の「法」というのは物質・精神すべての存在のことで、「爾」は「然」ということです。それらは阿弥陀如来の誓願の結果そのようになっているのですから、「法爾」というのは「誰も手を加えないのに、ひとりでにそうなる」という意味です」と記されていて、それを繰り返すようにしての説明が続く。

通称を「自然法爾章」という顕智のこの聞き書きは、親切に、しかしまわりくどい説明が続く。言葉にはなりにくい境地を説明しなればならなかったであろうし、また顕智が親鸞の言葉を整理せずに記録しておいたからであろう。

「わがはからはざるを自然とまうすなり」という歎異抄第十八章の文は、「自然法爾章」を読んだ上で書いているようにみえる。

歎異抄第十七章

辺地の往生をとぐるひと、つゐには地獄におつべしといふこと。この条なにの証文にみへさふらうぞや。学生だつる人のなかにいひいださる﹅ことにてさふらうなるこそ、あさましくさふらへ。経論正教をば、いかやうにみなされてさふらうらん。信心かけたる行者は本願をうたがふによりて、辺地に生じて、うたがひのつみをつぐのひてのち、報土のさとりをひらくとこそうけたまはりさふらへ。信心の行者のすくなきゆへに、化土におほくすゝめいれられさふらうを、つゐにむなしくなるべしとさふらうなるこそ、如来に虚妄をまふしつけまひらせさふらうなれ。

【現代語訳】極楽浄土のはずれに生まれた者は、結局は地獄に堕ちるということについて。この話はどの確実な経典類に出ているのですか。これはきっと、学者ぶった人の中で言い出したことでしょう。嘆かわしいことです。仏の教えを記した経典やその解説書の論などの尊い古典を、どのようにみているのですか。信心に欠けた念仏者は本願を疑ったことによって極楽のはずれに生まれ、そこにしばらくいることによって、疑った罪を償ってから、ほんとうの極楽でさとりを開くことになると教えてもらいました。ほんとうの信心を持った人は少ないので、ひとまず浄土のはずれに入るようにと勧められておられるのに、結局はほんとうの極楽浄土へいけないんだと説くのは、阿弥陀如来が嘘をついているとしてしまうことになるのです。

【考察】

報土と化土　阿弥陀仏はもと法蔵菩薩という名の、さとりを目ざして修行する菩薩であったとされる。五劫（ごこう）の間修行し、行が成ってその報いで（おかげで）さとりを得、その住む浄土も得た。それが報土（報仏土、報身報土）である。これが中国の道綽や善導の説である。

のち阿弥陀仏の報土には真実報土と方便化土（けど）があるとの説が生まれ、平安時代の源信（げんしん）も親鸞もこの説を引き継いでいる。真実報土は真仏土、あるいは報土ともいい、浄土の中央部分にあるという。ほんとうの望ましい浄土であるというのである。方便化土とは化土ともいい、極楽のはずれ（辺地）にあるとする。

『高僧和讃』「源信大師」の項に次の和讃がある。

報の浄土の往生は
おほからずとぞあらはせる
化土にむまるゝ衆生をば
すくなからずとおしへたり

「源信大師は、報土に往生する人は少なく、化土に往生する人は多いと教えています」。

源信は唐の懐感（善導の門弟）の『釈浄土群疑論』に基づき、この考えを打ち出した。ただし、源信の場合、報土に往生できるのは専修念仏者で、化土には念仏以外の諸行も修している、いわゆる雑修の者が往生する所とした。親鸞は源信の考えを引き継いだ上で、報土は念仏の信心が定まった者が往生するところ、化土は定まることを願いつつも、未だ定まっていない者が往生するところとした。

唯円は親鸞の考えを引き継いで、「人は本願の信心を得たとはいっても、前世からの業因によって、必ずしも十分に信じ切れていないという罪を背負う人もいる。その人には、ひとまず化土へ往生してもらい、その罪をつぐなってから報土へ迎えてもらえばいい、それは可能です」とした。「うたがひのつみをつぐのひてのち」と、罪を償うという考え方が示されている。

地獄の恐ろしさ　前述したように、六道輪廻の思想は釈迦の仏教にはなかった。仏教がインドから中央アジアへ北上していく過程で組み込まれたのである。「道（どう）」は道路ではなくて地域あるいは世界という意味である。六道は救われない人々が堕ちる恐ろしい世界である。そのもっとも恐ろしい世界が地獄道で、他に餓鬼（がき）道・畜生（ちくしょう）道・修羅（しゅら）道・人道・天道がある。

『地獄草紙』　デジタル復元.（小林泰三『日本の国宝，最初はこんな色だった』より）
不気味に暗い空の下，立って人を挽き臼に入れる青い鬼，人を挽く黄色（左）と薄こげ茶色の鬼（中央），挽かれた人間の血と骨，その骨を血の川に捨てる赤色の鬼（右）など，とても怖い.

現代の私たちは、「地獄なんてほんとうにあるのか」と地獄に対して距離を置くのが一般である。しかし平安時代から鎌倉時代の人たちにとって、地獄は現実であった。恐ろしいものであった。地獄に堕ちる―堕地獄の恐怖は、現代人に想像もできないほどであった。その様子を比叡山の恵心僧都源信は『往生要集』で書き表わした。またこの時代には『地獄草紙』という絵巻物も制作された（全二巻。国宝）。

この絵に描かれている地獄の様子や鬼たちなどは十分に恐ろしい。ただ描かれてから八百年の月日を経過しているので、絵の具がかなり剝げ落ち、全体として明るい雰囲気になってしまっている。それを現代の進んだコンピューター技術で復元（デジタル復元）すると、絵の中の空は雷雨の空のようにおどろおどろしく暗く、鬼たちは鮮やかでさらに形相すさまじく、見る者の心を割いていく。これが鎌倉時代の地獄かと、恐ろしさが実感できるのである（小林泰三『日本の国宝、最初はこんな色だった』光文社、二〇〇八年）。

絵画・彫刻を歴史の史料として使用する場合には、文字史料では原本・真筆が尊重されるのと同じく、「当初の色はどうだったか、当初の形はどうだったか」ということが追及されるべきである。そのためにはデジタル復元作業が非常に有効な手段であるということが『地獄草紙』の復元で実感できる。

歎異抄第十八章

仏法のかたに施入物の多少にしたがひて、大小仏になるべしといふこと。この条、不可説なり々々、比興のことなり。まづ仏に大小の分量をさだむることあるべからずさふらうか。かの安養浄土の教主の御身量をとかれてさふらうも、それは方便法身のかたちなり。法性のさとりをひらひて、長短方円の形にもあらず、青黄赤白黒のいろをもはなれなば、なにをもてか大小をさだむべきや。念仏まふすに、化仏を見たてまつるといふことのさふらうなるこそ、大念には大仏をみ、小念には小仏をみるといへるが、もしこのことはりなんどにはし、ひきかけられさふらうやらん。かつはまた檀波羅蜜の行ともいひつべし。いかにたからものを仏前にもなげ、師匠にもほどこすとも、信心かけなばその詮なし。一紙半銭も仏法のかたにいれずとも、他力にこゝろをかけて信心ふかくば、それこそ願の本意にてさふらはめ。すべて仏法にことをよせて、世間の欲心もあるゆへに、同朋をいひをどさるゝにや。

右条々はみなもて信心のことなるよりことおこりさふらうか。故聖人の御ものがたりに、法然聖人の御とき、御弟子そのかずおはしけるなかに、おなじく御信心のひともすくなくおはしけるにこそ。親鸞、御同朋の御なかにして御相論のことさふらひけり。そのゆへは、善信が信心も聖人の御信心もひとつなりとおほせのさふらひければ、誓観房・念仏房なんどまふす御同朋達もてのほかにあらそひたまひて、いかでか聖人の御信心に善信房の信心ひとつにはあるべきぞとさふらひければ、聖人の御智慧才覚ひろくおはしますに、一ならんとまふさばこそ、ひがごとならめ。往生の信心においいてはまたくことなることなし、たゞひとつなりと御返答ありけれども、なをいかでかその義あらんといふ疑難ありければ、詮ずるところ、聖人の御まへにて自他の是非をさだむべきにて、この子細をまふしあげければ、法然聖人のおほせには、源空が信心も如来よりたまはりたる信心なり、善信房の信心も如来よりたまはらせたまひたる信心なり、さればたゞひとつなり、別の信心にておはしまさんひとは、源空がまひらんずる浄土へはよもまひらせたまひさふらはじ、とおほせさふらひしかば、当時の一向専修のひと〴〵のなかにも、親鸞の御信心にひとつならぬ御こともさふらうらんとおほせさふらふ。いづれも〳〵くりごとにてさふらへども、かきつけさふらうなり。露命わづかに枯草の身にかゝりてさふらうほどにこそ、あひともなはしめたまふひと〴〵の御不審をもうけたまはり、聖人のおほせのさふらひしおもむきをもまふしきかせまひらせさふらへども、閉眼ののちは、さこそしどけなきことどもにてさふらはんずらめと、なげき存じさふらひて、かくのごとくの義どもおほせられあひさふらうひと〴〵にも、いひまよはされなんどせらるゝことのさふらはんときは、故聖人の御こゝろにあひかなひて御もちゐさふらう御聖教どもを、よく〳〵御らんさふらうべし。おほよそ聖教には、真実権仮ともにあひまじはりさふらうなり。権をすてゝ実をとり、仮をさしおきて真をもちゐるこそ、聖人の御本意にてさふらへ。かまえて〳〵聖教をみみたらせたまふまじくさふらう。大切の証文ども少々ぬきいでまひらせさふらうて、目やすにして、この書にそえまひらせさふらうなり。聖人のつねのおほせには、弥陀の五劫思惟の願をよくよく案ずれば、ひとへに親鸞一人がためなりけり。さればそれほどの業をもちける身にてありけるを、たすけんとおぼしめしたちける本願のかたじけなさよ、と御述懐さふらひしことを、いままた案ずるに、善導の自身はこれ現に罪悪生死の凡夫、曠劫よりこのかた、つねにしづみ、つねに流転して、出離の縁あることなき身としれといふ金言に、すこしもたがはせおはしまさず。さればかたじけなく、わが御身にひきかけて、われらが身の罪悪のふかきほどをもしらず、如来の御恩のたかきことをもしらずしてまよへるを、おもひしらせんがためにてさふらひけり。まことに、如来の御恩といふことをばさたなくして、我も人も、よしあしといふことをのみまふしあへり。聖人のおほせには、善悪のふたつ、惣じてもて存知せざるなり。そのゆへは、如来の御こゝろに、よしとおぼしめすほどにしりとをしたらばこそ、よきをしりたるにてもあらめ。如来のあしとおぼしめすほどにしりとほしたらばこそ、あしさをしりたるにてもあらめど、煩悩具足の凡夫、火宅无常の世界は、よろづのこと、みなもて、そらごと、たわごと、まことあることなきに、たゞ念仏のみぞまことにておはしますとこそ、おほせはさふらひしか。まことに、われもひともそらごとをのみまふしあひさふらふなかに、ひとついたましきことのさふらうなり。そのゆへは、念仏まふすについて、信心のおもむきをもたがひに問答し、ひとにもいひきかするとき、人のくちをふさぎ、相論をたゝんがために、またくおほせにてなきことをも、おほせとのみまふすこと、あさましく、なげき存じさふらうなり。このむねをよく〳〵おもひとき、こゝろえらるべきことにさふらうなり。これさらにわたくしのことばにあらずといへども、経釈のゆくぢをもしらず、法文の浅深をこゝろえわけたることもさふらはねば、さだめてをかしきことにてこそさふらはめども、古親鸞のおほせごとさふらひしおもむき、百分が一、かたはしばかりをも、おもひいだしまひらせて、かきつけさふらうなり。かなしきかなや、さひわひに念仏しながら、直に報土にむまれずして、辺地にやどをとらんこと、一室の行者のなかに信心ことなることなからんために、なく〳〵ふでをそめてこれをしるす。なづけて歎異抄といふべし。外見あるべからず。

已上

【現代語訳】寺・道場への寄付が多いか少ないかによって、次の世で大きな仏になったり、小さな仏になったりするという話について。この話はまったく言語道断、滑稽なことです。それは第一に、仏に大きさの限度を決めることはできないのではないでしょうか。あの極楽の主人である阿弥陀仏の大きさが『観無量寿経』に記されていますけれども、それは報身といわれる、仮りに目に見えるように形を現わした時の姿の大きさです。私たちが極楽に往生してさとりを開いて仏になれば、それは長い・短い、四角・マルの形もなく、青・黄・赤・白・黒などの色もついていません。何を基準にして大小を決めることができるでしょうか。観想念仏の際に、仏を目の前に観ようということがありますが、広く極楽世界を観ようとすれば大仏を観、狭く観ようとすれば小仏を観ると説いています。あるいはこの筋道の話などに惹きつけられたのでしょうか。第二に、この寄付は極楽へ往生するための布施の行ないとも言うことができましょう。しかしどんなに高価なものを仏前に捧げ、師匠の僧に差し上げても、信心が欠けていればその甲斐はありません。寄付がほんとうに少額でも、阿弥陀仏の本願を思って信心が深ければ、それこそそれが本願のほんとうの意味するところでしょう。世の中の人たちは欲を持っていますので、寄付の額を多くせよと念仏を称える仲間を脅しているということでしょう。

　以上のことはすべて間違った信心から起きていることなのです。故親鸞聖人がお話し下さったなかに次のような話がありました。法然聖人の時代、お弟子さんたちが多くいらっしゃったなかに、親鸞聖人と同じ信心を持っていた人は少なかったのだそうです。親鸞聖人は仲間のお弟子さんたちと教義上の争いがありました。その理由は、親鸞聖人が「私の信心も法然聖人の信心も同じもので、異なるものではありません」と仰ったので、勢観房や念仏房などといわれる仲間たちが「それはもってのほかのことだ」と反論を仕かけてきて、「どうして法然聖人のような立派な御信心に、親鸞さんの信心も同じはずがあるんだ」と詰問しました。そこで親鸞聖人は「法然聖人のさとりや、物事の道理を知る力と学識は広くていらっしゃるので、私と同じものですと言ったりしたら、それは間違っているでしょう。しかし極楽往生に関わる信心については、少しも異なるものではありません。まったく同じものです」と返事をされました。でも、「そんなことはないんじゃないか、おかしい」という疑いや非難がありました。結局、法然聖人のところへ行ってどちらが正しいか決めようということになりました。法然聖人に事情を申し上げますと、法然聖人の仰ることには、「私の信心も阿弥陀如来からいただいた信心です。親鸞さんの信心も阿弥陀如来からいただかれた信心です。ですから同じものです。違う信心を持っておられる人は、私が往くであろう浄土へはまさかいらっしゃることはないでしょう」と仰ったのです。

したがって現在の専修念仏の人たちのなかにも、親鸞聖人とは異なる信心を持っておられる人もいるのではないかと思われます。以上いろいろと愚痴でしたが、書き記しました。私の露のようにはかない命は、やっと枯草にかかっているような状態です。それで一緒にいる方々の疑問をお聞きし、親鸞聖人のお教えにあった内容をお話ししますけれども、私が息を引き取ったあとは、きっととても乱雑な状況になってしまうでしょう、と悲しく思います。そのために、以上のような異なった見解の人たちに言い惑わされたりすることがあれば、親鸞聖人の御心に適合する仏教の古典類を、念を入れてお読みください。だいたい、経典や高僧の著述類には、ほんとうの教えや、正しい教えに入るために仮りに作成した説明などが混じっているものです。一時的なかりそめの教えは捨てて真実の教えを選び、方便の教えも捨ててほんとうの教えを取ることこそ、親鸞聖人が望まれるところでしょう。決して決して経典・著述類を読み誤らないようにしてください。ここに大事な証拠の文を少し抜き出して箇条書きにして本書に付けておきます。親鸞聖人が常に仰っていたことには、「阿弥陀仏が五劫という長い期間思慮を凝らされた本願を念を入れて考えてみると、まったく私親鸞一人だけのための願であるとわかりました。ですから、私はたくさんの善悪を行なってきた人間ですのに、その私を救おうと思い立たれた本願のなんとありがたいことでしょうか」としみじみ述べておられました。それを今あらためて考えてみますと、善導の『観無量寿経疏』「散善義」に、「私はこのように、現実に罪悪を犯し、迷いの世界に生まれ変わり死に変わりしている人間です。永遠の昔からずっと、いつも六種類の迷いの世界に沈み、それらの世界を生まれ変わり死に変わりし、そこから離れるための縁など少しも持っていない自分と知りなさい」という戒めの言葉の意味するところと、まったく異なっておりません。ということですので、親鸞聖人のこのお話は、もったいなくもご自分を引合いに出して、私が自身の罪悪が深いということを分からず、阿弥陀如来の御恩の高いことをも分からずさまよっているのに対して、よくわからせるという目的からのことなのです。ほんとうに、阿弥陀如来のご恩ということを問題にしないで、私も他の人も、あれは善い・これは悪いということばかり話題にしています。親鸞聖人がおっしゃるには、「善と悪二つのことは、まったくよく分かりません。その理由は、阿弥陀如来がそれは善いことだと思われるほどに善の真実を知り尽くしたら、善を知ったと言えるでしょう。また阿弥陀如来がそれは悪いことだと思われるほどに悪の真実を知り尽くしたら、悪を知ったということになるでしょう。でも私たちは煩悩を全部持っている人間ですし、またその私たちは燃え盛る家の中にいるような安住できない、常に変化していく世界に住んでいます。すべてのことは全部、偽りの事がらであり、根拠のない事がらで、実態がないのですが、その中で念仏だけが実態のある真実であられるのです」ということを仰ったのです。ほんとうに私も他の人も偽りの事がらばかり話題にしている中で、ひとつ辛いことがあります。その事情は、念仏を称えるについて、信心のあり方についてお互いに話し合ったり、他の人に教えたりしている時、人に何も言わせないように、話し合いを打ち切らせるために、親鸞聖人がまったく仰っていないことを、「こう仰ったんだ」とだけ強調されることがありますが、そのことを嘆かわしく、悲しく思っているということです。このことの意味することを十分に考えて理解し、知った上で活動してほしいものです。以上、最初からずっと述べてきましたことは、私が勝手に述べたことではなく、親鸞聖人の教えをもとにしておりますが、私は経典やそれに関する高僧の著述類の趣旨も理解できておらず、念仏の教えの深さを理解しているのでもありませんので、きっとこっけいな内容になっているでしょうが、故親鸞聖人がお話になられた趣旨の百分の一、その一端でもと、思い出させていただいてこのように書いています。哀れなことです、運よく念仏を称えることができていながら、直接極楽の中心部へ往生することができなくて、そのはずれの方にしばらくの間いなければならないことは。親鸞聖人の教えを受けた同門の人たちの中で、異なる信

親鸞（左）と善鸞　『慕帰絵』より．
京都市西本願寺蔵．
ある冬の日，親鸞は訪ねてきた善鸞と火鉢を挟んで談笑した．この時，親鸞は八十代前半，善鸞は五十代前半である．

心を持つ人がないように、泣きながら筆に墨をつけてこのように書いています。この書付は歎異抄と名づけたいと思います。同門の人以外には読ませないでくださいね。

【考察】

長文の最終章　歎異抄の最終章である第十八章は、全体の中でももっとも長文の章である。ここには門信徒の僧侶への施入物、法然と親鸞との信心の比較の逸話、聖教を検討せよとの親鸞の意向、弥陀の本願は親鸞一人のためという親鸞の思い、さらには親鸞の教えを正しく伝えたいなどと記し、最後に歎異抄という書名を付けた理由を述べて終る。

歎異抄の原本が現在の歎異抄と同じ構成だったかどうかについては、疑念を持つ見解もある（佐藤正英『歎異抄論註』青土社、一九八九年）。ただ唯円は、現在の歎異抄の前半では師匠親鸞の教えを簡潔に述べようと努力し、後半には自分の見解と気持を強く出そうとしていることは疑いない。この後半には、『慕帰絵』第三巻に「鴻才弁説の名誉あり」とあるような、「弁説（演説）」好きともみられる唯円の気持が噴き出しているように見える。

門弟からの寄付　門弟からの僧への寄付は、門信徒の報謝の表現である。それはまた僧の実生活の糧となるものである。浄土真宗の指導者たちは妻を持ち家族を持つことが多かったであろうから、一定以上の寄付がなくては生活しかねる。親鸞自身も、

方々よりの御こゝろざしのものども、かずのまゝにたしかにたまはりさふらふ。

「皆さんからの寄付のお金を、手紙にありました額のとおりに、間違いなくいただきました」（年未詳九月二日付け、念仏人々宛て親鸞書状）、あるいは、

九月廿七日の御文、くはしく見候ぬ。さては御こゝろざしの銭五貫文、十一月九日、給（たまわり）て候。

「九月二十七日付けのお手紙は詳しく読みました。それからお気持がこもった銭五貫文

を十一月九日の今日、いただきました」（年未詳十一月九日付け、慈信房宛て親鸞書状）などと度々受け取っている。当時一貫文で米一石を買えたというから、五貫文なら五石買えたことになる。一石は百合にあたる。一食に米一合食べるとするなら、五石なら五百食分に当たる。当時は一日二食であるから、五百食なら一人で二百五十日分もの量である。かなりの金額を慈信房すなわち善鸞は父親鸞に送っていたことになる。

門信徒からの布施は、受け取る側からいえば多い方がいいことは明らかである。しかし布施が多ければ、極楽で大きな仏になれる、小さければ小さな仏にしかなれないなどと脅すのはよくない、と唯円は述べている。目に余ることだったのであろう。ただ下手をすれば唯円のもとに集まる布施が少なくなる可能性もある。それを押してまで、唯円は潔癖に生きたかったと推定される。

吉水草庵での信心論争　『親鸞伝絵』に、歎異抄第十八章とほぼ同じ内容の文がある。それは、

聖人〈親鸞〉のたまはく、いにしへ我本師聖人の御前に、聖信房・勢観房・念仏房已下の人々おほかりし時、はかりなき諍論をし侍る事ありき。そのゆへは聖人〈源空〉の御信心と、善信が信心といさゝかもかはるところあるべからず、たゞ一なりと申た

りしに、このひとびととがめていはく、善信房の聖人の御信心と、わが信心とひとしと申さるゝ事いはれなし、いかでひとしかるべきと、

という文で始まる。また、この挿話の終わり近くには、

信心のかはりあふておはしまさむ人々は、わがまいらむ浄土へはよもまいらせたまはじ、

と記されている。言葉遣いは少しずつ変えているが、話の筋はほとんど同じである。主旨は、法然の信心も親鸞の信心も、いずれも阿弥陀如来からいただいた信心（『歎異抄』）・他力からたまわった信心なので、同じであるということである。論争は親鸞の方が正しかったと結論付けている。この挿話は、親鸞が法然の正統を受け継いでいると法然が認めていたと主張している。それは『親鸞伝絵』制作者の覚如の主張である。

『親鸞伝絵』と歎異抄の文を比較すると、明らかに歎異抄の著者は『親鸞伝絵』を読んでいるとわかる。そこから歎異抄の著者は覚如その人であるという説も生まれたのである。

信用できる聖教と信用できない聖教　よく知られているように仏教には何万点という「経」がある。さらにその「経」の解説書である「論」、その解説書の解説書、そのまた、と続く。容易に想像がつくことは、それぞれの筆者が生きた時代と社会背景によって、内

容が少しずつ変わっていくことである。諸書物で矛盾が生じることがあることも想像がつく。法然が専修念仏の理論的根拠とした善導の『観無量寿経疏』では、称名念仏が唯一の勝行であるとはしていない。劣行であるとされてきた称名念仏も、それ以前から勝行であった観想念仏と同等の価値があると説いているだけである。それを法然は『観無量寿経疏』では称名念仏がもっとも重要であると説いていると主張した。昔からの経典類を使って自分の新しい主張に根拠を与えるためには、このようにするしかない。そのために法然にしても親鸞にしても、また浄土教以外の他の僧侶たちにしても、諸経・論類から自分の主張を正当化してくれそうな文を抜き出したのである。それをまとめて一冊の書物を作ることもあった。それが文類（もんるい）と呼ばれる形式の書物である。

一見矛盾する内容であっても、それは一つの思想に基づくものと納得できれば問題は解決する。これを「得通（えつう）」という言葉で表現することもある（浄土真宗では使用しない）。しかしなかなかそうはいかない。唯円の立場からみれば誤りを含んでいる書物もある。心配した唯円は、十分に親鸞聖人の意に沿った書物を使ってほしい、添付した「目安」に適合しない書物は使用しないでほしいと言っている。言いかえれば、親鸞の教えを正しく学ぶためには読むべきでない書物もあると説いているということである。

誰もが広い視野で仏教を学んでいるのではない。誰もが学べる能力を持っているのでもない。唯円は「先師口伝の真信」が異なってしまうことを恐れ、「他力の宗旨」が乱されるのを心配しているのである（歎異抄序）。

親鸞一人がため　よくよく考えてみると、阿弥陀仏は私一人を救うために無数の年月工夫をこらされ、努力されたのだ。ありがたいことだ。それなのに私も他人も、往生のためにあのことは善いことだ、このことは悪いことだとばかり言っていると親鸞はいつも言っていた、と唯円は述べている。「弥陀の五劫思惟の願（は）……ひとへに親鸞一人がためなりけり」という文は、古田武彦氏が『わたしひとりの親鸞』（明石書店、一九七八年）を出版してから特に知られるようになった。

唯円はこの親鸞の言葉を受けて、「阿弥陀仏の御恩については触れずに、極楽往生のためにはあのことは善い、このことは悪いなどと私たちは言いあっている」。それは止めたいものだと反省している。

善　悪　この世の中の善と悪の二つは、私たちには分からないのだ。阿弥陀仏が善と思われることを知り尽くしたら善と判断してもよい。悪と思われることを知り尽くしたら悪と判断してもよい。しかし現実世界はすべて仮りのもので事実ではない。だから私たちは判

断しようがない。ただ念仏だけは真実なのだ。親鸞はこのように述べていたと伝える。このことは聖徳太子の、

世間虚仮、唯仏是真

「この世のことはすべて虚しく、仮りのものです。ただ仏の教えだけが真実なのです」という言葉を思い起こさせる。聖徳太子はこの八文字によって日本仏教の祖とされている。

親鸞の言葉と偽る　念仏を称えることに関して、信心について問答するとき、「これが親鸞聖人の教えだ」と嘘を言って相手を言い負かそうとする人たちがいる。まったく嘆かわしく、悲しいことだ、これは止めよう、と唯円は訴えている。歎異抄の書名につながる述懐である。

まとめの言葉　親鸞の真意を思い出して一冊にしたこと、せっかく念仏を称えているのに、直接報土へ往生できずに化土に往生するのは悲しいとし、念仏の行者は同じ信心を持ってほしいと、唯円は述べている。

外見あるべからず　本書は、唯円の周囲にいる門徒たち、すなわち河和田門徒のために書かれたものと推測される。無制限に他の人たちに見せて、いろいろとあげつらわれるのを嫌ったのであろう。

あとがき

歎異抄の著者とされる唯円とは、どのような人物だったのでしょうか。それについて南北朝時代の慕帰絵という本には、「かの唯円大徳は鸞聖人の面授なり。鴻才弁説の名誉あり（あの唯円殿は親鸞聖人の直弟です。優れた才能を持ち、ものごとの説明が上手、という評判が高いのです）」とあります。つまり唯円は親鸞の教えを理解する能力があることはもちろんながら、話がうまく、文章も巧みだったのです。

私は大学院生のころ、歎異抄に示された親鸞の言葉にずいぶん励まされました。おかげで先に進めたと思っています。いま考えてみますと、それは唯円にも励まされたのかなと思うのです。巧みで、人のこころを惹きつけてやまない文章になっていなければ、「そんな言葉もあったな」くらいで終わっていたでしょう。私は唯円に感謝したいと思うのです。

茨城県水戸市河和田町には、唯円が開基の報仏寺があります。その近くに唯円の念仏道場跡があります。私は昨年暮れまで、そのすぐ傍に三十数年住んでいました。なにせ地元ですので、数百年以上の昔に唯円が歩いた跡を数えきれないくらい（数えたことはありませんが）歩き、考えました。その成果が本書です。

本書ができあがるまでにはいろいろな方のお世話になりました。特に、いつも変わらぬ笑顔で接して下さる報仏寺住職の河和田唯彰様と奥様（坊守様）の京子様、さらには前住職の唯賢様には心から御礼を申し上げます。唯賢様は昨年（二〇一三）幽明界を異にされました。

また本書の校正はいつものように宮本千鶴子さんに手伝ってもらいました。感謝しています。

平成二十六年八月二十七日

今井雅晴

著者紹介

一九四二年、東京都に生まれる

一九七七年、東京教育大学大学院博士課程修了

現在、筑波大学名誉教授、真宗文化センター所長、文学博士

主要著書

『親鸞と東国門徒』(吉川弘文館、一九九九年)、『親鸞と浄土真宗』(吉川弘文館、二〇〇三年)、『わが心の歎異抄』(東本願寺出版部、二〇〇七年)、『親鸞と如信』(自照社出版、二〇〇八年)、『親鸞の風景』(監修、茨城新聞社、二〇〇九年)、『親鸞と東国』(吉川弘文館、二〇一三年)

歴史文化ライブラリー
392

親鸞と歎異抄

二〇一五年(平成二十七)一月一日　第一刷発行

著　者　今井雅晴(いまいまさはる)

発行者　吉川道郎

発行所　株式会社 吉川弘文館

東京都文京区本郷七丁目二番八号

郵便番号一一三―〇〇三三

電話〇三―三八一三―九一五一〈代表〉

振替口座〇〇一〇〇―五―二四四

http://www.yoshikawa-k.co.jp/

印刷＝株式会社 平文社

製本＝ナショナル製本協同組合

装幀＝清水良洋・李生美

ISBN978-4-642-05792-9

歴史文化ライブラリー

1996.10

刊行のことば

現今の日本および国際社会は、さまざまな面で大変動の時代を迎えておりますが、近づきつつある二十一世紀は人類史の到達点として、物質的な繁栄のみならず文化や自然・社会環境を謳歌できる平和な社会でなければなりません。しかしながら高度成長・技術革新にともなう急激な変貌は「自己本位な刹那主義」の風潮を生みだし、先人が築いてきた歴史や文化に学ぶ余裕もなく、いまだ明るい人類の将来が展望できていないようにも見えます。このような状況を踏まえ、よりよい二十一世紀社会を築くために、人類誕生から現在に至る「人類の遺産・教訓」としてのあらゆる分野の歴史と文化を「歴史文化ライブラリー」として刊行することといたしました。

小社は、安政四年(一八五七)の創業以来、一貫して歴史学を中心とした専門出版社として書籍を刊行しつづけてまいりました。その経験を生かし、学問成果にもとづいた本叢書を刊行し社会的要請に応えて行きたいと考えております。

現代は、マスメディアが発達した高度情報化社会といわれますが、私どもはあくまでも活字を主体とした出版こそ、ものの本質を考える基礎と信じ、本叢書をとおして社会に訴えてまいりたいと思います。これから生まれでる一冊一冊が、それぞれの読者を知的冒険の旅へと誘い、希望に満ちた人類の未来を構築する糧となれば幸いです。

吉川弘文館